U0683787

中等职业学校通识教育「十三五」规划教材

附 / 微 / 课 / 视 / 频

体育与健康

第3版

赵文权 杨忠 陈烜辉 主编

黄为玲 黄俊宁 辛亮 副主编

人民邮电出版社

北京

图书在版编目（CIP）数据

体育与健康：附微课视频 / 赵文权，杨忠，陈烜辉
主编. -- 3版. -- 北京：人民邮电出版社，2020.6（2021.8重印）
中等职业学校通识教育"十三五"规划教材
ISBN 978-7-115-51892-7

Ⅰ．①体… Ⅱ．①赵… ②杨… ③陈… Ⅲ．①体育－
中等专业学校－教材②健康教育－中等专业学校－教材
Ⅳ．①G634.961

中国版本图书馆CIP数据核字(2019)第190730号

内 容 提 要

　　本书是根据现代教育理论和体育与健康课程的最新发展成果编写而成的。全书共分八篇，包括概述篇、健康篇、田径篇、球类篇、健美篇、休闲篇、养生与防身篇以及观赏篇，系统地介绍有关体育与健康方面的知识，旨在提高广大学生的身体素质和心理素质，为中等职业学校学生顺利完成学业以及毕业走向社会提供健康保障。

　　本书集理论性、知识性、实用性于一体，通俗易懂、图文并茂，可作为中等职业学校学生学习用书，也可供相关人员学习参考。

◆ 主　　编　赵文权　杨　忠　陈烜辉
　　副主编　黄为玲　黄俊宁　辛　亮
　　责任编辑　刘　佳
　　责任印制　马振武

◆ 人民邮电出版社出版发行　　北京市丰台区成寿寺路 11 号
　　邮编　100164　　电子邮件　315@ptpress.com.cn
　　网址　https://www.ptpress.com.cn
　　三河市君旺印务有限公司印刷

◆ 开本：787×1092　1/16
　　印张：10.25　　　　　　　　2020 年 6 月第 3 版
　　字数：241 千字　　　　　　2021 年 8 月河北第 3 次印刷

定价：38.00 元
读者服务热线：**(010)81055256**　印装质量热线：**(010)81055316**
反盗版热线：**(010)81055315**
广告经营许可证：京东市监广登字 20170147 号

本书编委会成员

主　编：赵文权　杨　忠　陈烜辉

副主编：黄为玲　黄俊宁　辛　亮

编　委：王　师　杨　明　赵　莉　陈一锐　汤林芯

　　　　邹春芳　李佳钰　李雪莲　高莺娜

第3版前言

随着科学技术的迅猛发展，人类社会物质文化生活水平在整体上有了很大提高，人类的许多疾病得到了根治，健康状况大为改善。随着社会的进步，人们逐渐认识到健康的含义不仅是没有疾病和不虚弱，还是在身体、心理和社会方面都保持较好的状态。人们比以往任何时候都更加关注自己的健康状况和生活质量。由于国民的健康对国家的发展、社会的进步和个人的幸福都至关重要，而体育课程又是增进国民健康的重要途径，因此，世界各国都高度重视体育课程的改革。

《中共中央国务院关于深化教育改革全面推进素质教育的决定》指出"健康体魄是青少年为祖国和人民服务的基本前提，是中华民族旺盛生命力的体现。学校教育要树立健康第一的指导思想，切实加强体育工作"，基于此，我们组织编写了本书。

体育教育是中等职业学校教学体系中的一项重要教学内容，对中等职业学校培养全面发展人才有重要作用，其主要任务是使学生学习和掌握体育基础知识、技术与技能，提高生理机能，增强身体素质，培养其高尚的情操和团结协作的集体主义精神。

本书紧紧围绕"健康第一"的指导思想，注入众多的时尚健康教育理念，坚持"以人为本"，促进学生体育意识的形成并鼓励其进行锻炼，充分体现了教材的科学性、时代性、实用性。本书内容融合了体育、休闲、生理、心理等方面的科学知识，突出了学生的主体地位。

本书由赵文权、杨忠、陈炬辉任主编，黄为玲、黄俊宁、辛亮任副主编，参与编写的还有王师、杨明、赵莉、陈一锐、汤林芯、邹春芳、李佳钰、李雪莲、高莺娜。

由于编者水平有限，书中不足在所难免，敬请广大读者批评指正。

编　者
2019 年 11 月

目录

　　体育是人类社会一种特有的文化现象，它源远流长。原始社会时期，体育表现为人类为了生存而与自然界进行各种斗争。现在，体育已经成为人们锻炼身体、增强体质、娱乐身心的一种手段，体育被赋予更多的人文主义色彩，其内容也更加充实。

　　随着体育事业的发展，作为祖国未来的希望的青少年应该掌握体育基础知识，养成终身锻炼的好习惯。

概述篇

——体育基础知识

第一课　体育的起源与发展

生命在于运动。

——伏尔泰

应知导航

（1）了解我国体育的起源。

（2）了解我国体育各个时期的发展情况。

（3）了解中华人民共和国成立后，我国对体育事业的重视。

A　知识探究

一、体育的起源

体育是人类社会一种特有的文化现象，它是和人类社会的产生和发展相适应的。关于体育的起源问题，传统的观点认为："劳动是产生体育的唯一源泉。"随着体育学科研究的深入以及与其他学科的互相渗透和借鉴，体育学术界的视野和思路也更加开阔，人们对"劳动产生体育说"进行了补充论述。有人认为"体育的产生不是单源而是多源"，认为生产劳动是产生体育的"主要源泉"，但不是"唯一源泉"；有人认为"体育产生于人类社会生活的两种需要，一种是人类身体活动的需要，另一种是人类心理活动的需要"。原始人类的身体活动大致可分为 3 种：一是与生产直接有关的活动，如捕鱼、狩猎、农耕等；二是原始活动所必需的技能，如走、跑、跳、攀、爬等；三是既不与生产直接有关，又非原始活动必需的技能，仅仅为了满足人某种需要的活动，如游戏、杂技、舞蹈等。原始人类不仅需要劳动，更需要生活。他们有喜、怒、哀、乐，也有交往的需求，因而集群而居。仅就体育产生的动因而言，除了劳动的需要外，人类还有适应环境的需要、对付同类袭扰的防卫需要、同疾病斗争的生存需要、表达和抒发内心各种感情的需要等。为了满足这些需要，人类就必须为拥有健康的身体而进行强健自身的活动。

二、我国体育的发展

我国体育伴随着几千年古老文化的发展而演进。夏、商、周时代，奴隶主阶级的统治需要和频繁的战争刺激了军事武艺的发展和对军队士兵身体训练的重视。一些与军事有关的体育项目，如射、御、角力、拳搏、奔跑、跳跃、剑术及其他武艺，都很盛行。奴隶主阶级为了满足自己享乐的需要，发展了一些娱乐性的体育活动，如泛舟、打猎、赛马等。

在我国封建社会的中期，即隋、唐、五代时期，特别是唐代，由于全国统一，加强了中央集权制，社会安定、经济发达、繁荣昌盛、和平统一的局面保持了一百多年。在这种社会条件下，体育的发展也出现了空前的繁荣景象。在考试制度上，由武则天首创了武举制度，提倡考武状元。这一制度的实行，大大鼓舞了民间练武之风，对体育的发展也起到了促进作用。隋、唐生产技术的提高，也促进了体育场地和器材的改进。体育运动项目繁多，仅球类运动就有马球、蹴鞠、步打球、十五柱球、踏球、抛球等。同时，医学和各种养生术也得到了很大的发展。特别是我国古代伟大的医学家孙思邈的著作中关于养生、导引、按摩的理论，对当时和后世都有不可忽视的影响。在军事方面，骑射、剑术、角抵等，无论是教习方法还是技艺水平，唐代都较汉代有了发展和提高。另外，民间的体育活动，如拔河、秋千、竞渡、滑雪、滑冰、登高、射鸭（一种嬉水活动）、棋类等都非常盛行。

到了宋、元、明、清时期，体育随着社会的变革而发展变化。北宋时期由于沿袭了武举制，又由于王安石变法提倡富国强兵，对体育的发展起到了促进作用。在明、清时期，中国武术的发展又出现了一个新的高潮。明朱元璋设武举、立武学，实行"卫所制度""农时则耕，闲时练习"，因而国家粮多兵强，人民武艺高超。在"康乾盛世"，考试制度也沿袭了武举制，甚至规定文科考试先考骑术，不合格者不准参加笔试，同时其练兵制度也比较完整。因此，清代前中期不仅军队战斗力强，而且民间也涌现出许多武艺高强的名人壮士。但清代末年，政治腐败，民不聊生，特别是鸦片战争以后，鸦片大量输入，毒害了广大人民的身体；加之清政府为了维护其统治，"禁民习武"，致使人民体质日衰，被外国人辱为"东亚病夫"。体育也由此一蹶不振。

1952年11月，中华人民共和国体育运动委员会成立，之后各省、直辖市、自治区的体育运动委员会也陆续健全。近年来，又相继建立了中国体育科学学会和地方体育科学学会及单科学会。政府机构、社会组织和群众团体相互配合，形成了一个领导、管理和组织我国体育活动的完整体制。

近年来，随着人民物质文化生活水平的提高，体育出现了迅猛的发展势头。体育已成为人们日常生活中不可缺少的重要组成部分。

20世纪，现代科学技术的迅速发展影响了整个人类社会及人类的生命活动。随着社会现代化水平的不断提高，体育的社会价值和地位也日益提高。体育已被纳入各国政府的教育制度之中，各国把体育列为学校的必修课，从青少年时代起就反复进行体育知识的灌输和强化。

近几年来，竞技运动在许多国家迅速渗透至人们生活的各个领域，日益成为人们感兴趣的社会活动之一。2001年7月13日，这是一个令中国人扬眉吐气的日子。莫斯科当地时间18：08（北京时间22：08），时任国际奥委会主席的萨马兰奇庄重宣布：2008年第29届夏季奥运会的主办地为北京。申奥成功在一定程度上说明了中国的综合国力、经济实力、社会发展、社会自然环境、科技教育、政治稳定、组织能力等都达到了一定的水平。特别值得一提的是，2004年雅典奥运会上，我国金牌总数跻身世界前三。在男子110米栏项目中，我国运动健儿刘翔以 12.91 秒的好成绩获得冠军，成为人民心目中一颗灿烂的明星。在 2008 年北京奥运会上，我国运动健儿们共获得 51 枚金牌，21 枚银牌，28 枚铜牌，奖牌总数 100 枚，位列奥运会金牌榜第一，奖牌榜第二。在北京残奥会上，我国运动员共获得 89 枚金牌，70 枚银牌，52 枚铜牌，蝉联金牌榜和奖牌榜的第一位。群众体育运动蓬勃开展。

知识链接

中国第一枚奥运金牌

在 1984 年举行的第 23 届洛杉矶奥运会上，许海峰夺得了中国奥运历史上的第一枚金牌，实现了金牌"零"的突破。这成为当年"体育精神提振民族精神"的标志性事件。

许海峰勇夺中国第一枚奥运金牌，萨马兰奇亲自为他颁奖并激动地说："今天是中国体育史上伟大的一天，我为能亲自把这一枚金牌授给中国运动员而感到荣幸！"

第二课　体育的概念与分类

以自然之道，养自然之身。

——庄子

应知导航

(1) 了解"体育"一词的由来。
(2) 了解广义的体育从内涵和外延看，分别包括哪些方面。
(3) 了解狭义体育的重要性。

A　知识探究

"体育"一词由国外传来，是一个国际通用的、流传范围很广的词。这个词最早出现于 19 世纪。

在我国古代，并无"体育"一词，而是使用"养生""导引""武术"等词。1894 年前后，随着德国、瑞典体操的传入，我国便用"体操"作为对体育的概括。1903 年，清政府批准执行的学堂章程，就明文规定各级、各类学校要开设"体操科"（即体育课）。1906年开始，并用"体操"和"体育"两词。直至1923年，在北洋政府新学制课程标准起草委员会公布的《中小学课程纲要草案》这一官方文件中，才正式把"体操"一词改为"体育"，"体操科"改为"体育课"。

我国对"体育"一词含义的认识有一个过程，解释也不尽相同。中华人民共和国成立后，经过多次学术讨论，人们对体育有了比较统一的解释。根据《中国大百科全书》对体育概念的解释："体育（广义）亦称体育运动，是人们根据社会生产和生活的需要，遵循人体生长发育和机能活动规律，以运动动作作为基本手段，为增强人民体质、提高运动技术水平、丰富文化生活而进行的一种有意识、有组织的身体运动和社会活动。"体育属于社会文化教育范畴，受一定社会、政治、经济的影响和制约，也为一定社会的政治、经济服务。

从体育（广义）的内涵来看，体育包括两个基本部分和两种属性。一是作为体育方式、手段和方法的人体运动部分，具有继承、交流、借鉴、吸取的自然属性；二是运用这种手段和方法，来实现社会所规定的体育的目的、法令和制度部分，具有历史性，即社会属性。体育的本质就是这两种属性相结合的产物。体育既作用于人体，使人身心健康，又作用于社会，促进社会物质文明和精神文明的发展，这是体育的自然属性和社会属性两者统一和作用的结果。

知识链接

"体育"一词在含义上有一个演化的过程。它刚传入我国时，是指身体的教育，是作为教育的一部分出现的，是一种与维持和发展身体的各种活动有关联的一种教育过程，与国际上理解的"体育"是一致的。随着社会的进步和体育事业的不断发展，其目的和内容都大大超出了原来"体育"的范畴，体育的概念也出现了"广义"与"狭义"解释。当用于广义时，一般是指体育运动，其中包括了体育教育、竞技运动和身体锻炼3个方面；用于狭义时，一般是指体育教育。近年来，不少学者对"体育"的概念提出了一些解释，但比较趋于一致的解释为："体育是以身体活动为媒介，以谋求个体身心健康、全面发展为直接目的，并以培养完善的社会公民为终极目标的一种社会文化现象或教育过程。"体育的这一解释既说明了它的本质属性，又指出了它的归属范畴，同时也把自身从与其邻近或相似的社会现象中区别出来。但是，体育的概念并非一成不变的，随着社会的发展和进步，人们对体育的认识也将有所变化和发展。

从体育（广义）的外延来看，体育的范围包括3个组成部分，即学校体育、群众体育和竞技体育。

狭义的体育指的是学校体育，又称体育教育。它是现代体育的基础，也是现代教育的重要组成部分，是全面发展人的身体，增强体质，传授体育知识、技术，提高运动技术水平，培养良好意志和品德的一种有目的、有计划、有组织的教育过程。它与德、智、美、劳等相匹配，培养全面发展的人，从而为造就一代新人打好基础，为人们终身进行体育锻炼创造前提条件。

群众体育，又称体育锻炼，是指以健身、健美、医疗、娱乐为目的，内容丰富、形式多样、因人而异的一种群众性的健身活动。这种活动一般是自愿参加的，其组织形式有集体的也有个人的，并特别追求自我教育、精神和情绪的放松以及锻炼效果。因此，体育锻炼是现代人提高生活质量必不可少的内容。

竞技体育，又称竞技运动，是为了最大程度地发挥和提高个人和集体在体格、身体能力等方面的潜力，以取得优异成绩为目的而进行的科学、系统的训练和竞赛。这种竞赛具有激烈的对抗性、竞争性和高度的技艺性，必须按照一定的规则进行，竞赛成绩为社会所承认。竞技运动是整个体育中最活跃、最积极的部分，也是促进各类体育发展的重要因素。

以上3方面因各自不同的内容和特点而相互区别，但又相互联系、相互渗透。它们的共同点是都通过身体运动来全面发展身体、增强体质，都具有教育、教学的因素，都有学习知识、提高技术的过程，都有竞赛的成分等，它们一起构成了体育的整体。

第三课　体育的功能

如果让儿童自己任意地不论去做什么而不去劳动，他们就既学不会文学，也学不会音乐，也学不会体育，也学不会那保证道德达到最高峰的礼仪。

——德谟克利特

应知导航

了解体育的五大功能和它们之间的联系。

体育的功能

A 知识探究

体育的功能源于体育的本质和社会的需要，并在促进社会物质文明和精神文明发展的过程中体现出来。体育的功能可归纳为健身、娱乐、教育、政治和经济5个方面。

一、健身功能

体育需要身体的直接参与，这是体育的本质特点，它决定了体育的健身功能。体育运动不仅促进了人体的生长发育，而且对人体器官的构造和改善有着积极的作用。体育运动可以刺激骺软骨的增生，促进骨骼的生长；改善肌肉的血液供应情况，增加肌肉内营养物

可以刺激骨后软骨的增生，促进骨骼的生长；改善肌肉的血液供应情况，增加肌肉内营养物质，增强肌肉的工作能力和运动能力；可以加速新陈代谢，促进血液循环，使相应的循环、呼吸、消化、排泄系统得到改善，并使为这些系统工作的器官在构造和形态上发生变化，更有利于人体的运动和工作。

体育运动可以提高人体的免疫力和抗疾病能力，可以不断强健人的体质和提升人的心理承受能力，可以提升人对自然环境和社会环境的适应能力，达到预防疾病、延缓衰老的目的。

二、娱乐功能

体育运动既可以强健身体，又可以陶冶情操、愉悦身心、增进交往，使人们在繁忙的工作、学习后，获得一定的休息。体育运动的技术性、形式多样性、竞技性以及易于接受等特殊性，使之成为现代生活的重要组成部分。体育的娱乐功能通过观赏和参与两个途径来实现。由于体育运动具有观赏性，特别是竞技体育的高水平展现，使身体运动将健与美、力量与速度完美结合，让观众得到美的享受。人们通过参加体育活动，并在与同伴的默契配合、与对手的斗智斗勇以及征服自然的过程中获得不同的情感体验，达到娱乐身心的目的。体育能丰富社会文化生活，满足人们的精神需要，是非常积极、健康的娱乐方式。

三、教育功能

体育是教育的一个部分，教育是体育的基本功能。人们参与体育活动的过程。就是一个受教育的过程。从学校、俱乐部、健身中心到训练场、活动场所，人们在锻炼中都可以接受教师、教练和同伴的传授和指导。特别是在学校，由于学生正处于生长发育期和世界观的形成时期，学校不仅要通过体育课程指导和教育学生进行身体锻炼，而且要对受教育者进行政治思想、意志品质和道德规范的教育。体育是传播价值观的思想载体，这是由它的技术性、群体性、国际性、礼仪性、竞技性的特点所决定的。它可以激发群众的爱国热情，振奋民族精神，教育人们与社会保持一致。人们在参与、观赏体育的过程中会受到深刻的社会影响，使自身受到不可低估的社会教育。

四、政治功能

体育和政治是相互联系、不可分割的。主要表现在两个方面：国际比赛和国际交流所起的作用以及群众体育所起的作用。国际比赛是展示一个国家综合国力强弱的窗口，国家的政治、经济、文化、科技往往决定了竞技体育水平的高低。体育是一种文化交流的工具，它为本国的外交政策服务。促进国家间的友好往来。

体育运动的群众性，可以使人们互相关心、互相交流，满足人们交往的需要，增强集体的凝聚力，能够沟通各阶层、各党派、各团体间的关系，促进国家的稳定统一。

五、经济功能

经济是一个国家的重要基础，体育的发展依赖于经济，受经济的制约。一个国家的体育运动，尤其是竞技运动的开展状况，反映了这个国家的经济水平。同时体育运动又反作而且和商品经济的关系日益密切。在发达国家，体育的经济功能、经济效益得到了充分的挖掘。获取体育运动的竞技收益有两个途径：一是大型运动会，通过出售电视转播权、门票，发布广告和发售纪念币、邮票、体育彩票来获得；二是日常体育活动，体育设施的利用，热门项目的组织和比赛，娱乐体育活动的开展，体育服装、设施、器械的销售，体育知识咨询和旅游等，这些都是获取体育经济效益的有效途径。

体育的功能是一个完整的整体，它们虽然各有特点，但又相互交叉、互为联系、共同作用。

知识链接

医疗体育

医疗体育是指运用体育手段治疗某些疾病与创伤，恢复和改善机体功能的一种医疗方法。与其他治疗方法相比，其特点有以下几点。

（1）医疗体育是一种主动疗法，要求患者主动参加治疗过程，通过锻炼治疗疾病。

（2）医疗体育是一种全身治疗，通过神经、神经反射机制改善全身机能，达到增强体质、提高抵抗力的目的。

（3）医疗体育是一种自然疗法，利用人类固有的自然功能（运动）作为治疗手段，一般不受时间、地点、设备条件的限制。其通常采用做医疗体操、慢跑、散步、骑自行车、气功、打太极拳和使用特制的运动器械（如拉力器、自动跑台等）锻炼，以及日光浴、空气浴、水浴等为治疗手段。进行时宜因人而异、持之以恒、循序渐进，并配合药物或手术治疗和心理疏导。我国早在两千多年前已用"导引""养生"作为防治疾病的手段，之后防治疾病的手段又不断发展与提高，成为我国医疗体育的重要组成部分。

第四课　奥林匹克运动

体操和音乐两个方面并重，才能够成为完全的人格。因为体操能锻炼身体，音乐可以陶冶精神。

——柏拉图

应知导航

（1）了解古代奥林匹克运动的产生。

（2）了解现代奥林匹克运动的基本知识。

知识探究

奥林匹克运动

一、古代奥林匹克运动的产生

古希腊位于巴尔干半岛南端的欧、亚、非三大洲交界处，是古代奥林匹克运动的发源地。竞技是古希腊人生活的重要内容，据《荷马史诗》记载，古希腊人在宗教祭祀和其他一些社会活动中就常有各种竞技体育运动，如角斗、掷石饼、赛跑、跳跃、拳击、赛车和舞蹈等。

二、现代奥林匹克运动

现代奥林匹克运动于 19 世纪末出现在世界体育舞台之上。在法国教育家皮埃尔·德·顾拜旦的大力推动和努力下，首届现代奥林匹克运动会（以下简称"奥运会"）于 1896 年在古代奥林匹克运动的发源地希腊雅典举行。

知识链接

现代奥林匹克之父——顾拜旦

皮埃尔·德·顾拜旦（Pierre De Coubertin，1863—1937），是法国著名教育家、国际体育活动家、教育学家和历史学家，现代奥林匹克运动的发起人，被誉为"现代奥林匹克之父"，其终生倡导奥林匹克精神。

顾拜旦 1863 年 1 月 1 日出生于法国巴黎，拥有男爵称号。他从小喜欢贵族运动，如击剑、赛艇、骑马，也喜欢拳击。他的父亲夏尔·德·顾拜旦（Charles De Coubertin）是位出名的画家。

从 1875 年开始，一直到 1881 年，考古学家在希腊连续发掘出古代奥运会的文物和遗址，这引起了顾拜旦的兴趣和关注。1890 年，他终于有机会访问希腊的奥利匹斯山——古代奥林匹克运动的发源地。他认为弘扬古代奥林匹克精神可以促进国际体育运动的发展。

1892 年 12 月 25 日，皮埃尔·德·顾拜旦发表演讲，在演讲中首次提出"复兴奥林匹克运动"。1894 年在巴黎举办了国际体育会议，决定在希腊创办第 1 届现代奥运会，并规定每 4 年举行 1 次。1894 年 6 月 23 日，国际奥林匹克委员会正式成立，当时希腊文学家维凯拉斯担任国际奥林匹克委员会主席，而顾拜旦担任国际奥林匹克委员会秘书长，任职期间他们对有关奥运会的举办、组织等进行了详尽规划。1896—1925 年顾拜旦任国际奥林匹克委员会主席，他也是奥林匹克会徽、奥林匹克会旗的设计者。顾拜旦不仅是世界著名的体育活动家，同时也是卓有成就的教育学家和历史学家。

1. 奥林匹克主义

《奥林匹克宪章》中写道："奥林匹克主义是将身、心和精神方面的各种品质均衡地结合起来，并使之得到提高的一种人生哲学。它将体育运动和文化教育融为一体。奥林匹克主义所要开创的人生道路，是以奋斗中所体验到的乐趣、优秀榜样的教育作用和对一般伦理、基本原则的尊重为基础的。"概括地讲，就是通过体育活动使人获得身心的和谐发展。这用一句名言表示就是："一个健全的灵魂寓于一个健全的体魄。"

2. 奥林匹克精神

《奥林匹克宪章》指出，奥林匹克精神就是互相理解、友谊、团结和公平竞争的精神。其目的在于为奥林匹克运动提供一种必不可少的文化氛围和精神境界，期望建立一个没有任何歧视的社会，培养人与人之间真诚的理解、合作和友谊。它提倡公平竞争，只有在公平竞争的基础上，各国运动员才能保持和加强团结友谊的关系，奥林匹克运动才能实现它的神圣目标。

3. 奥林匹克宗旨

《奥林匹克宪章》以明确的语言表述了奥林匹克运动的宗旨："通过没有任何歧视、具有奥林匹克精神——友谊、团结和公平精神及互相了解的体育活动来教育青年，从而为建立一个和平的、更美好的世界做出贡献。"奥林匹克运动力图通过体育运动增进世界各国人民之间的了解，达到减少战争、促进和平的目的。它是世界和平的一个重要组成部分，在当代国际社会中占有重要的地位。

4. 奥林匹克标志

《奥林匹克宪章》确定，奥林匹克五环标志是由5个奥林匹克环套接组成的。上面3个环（从左至右）是蓝色、黑色和红色，下面2个环是黄色和绿色。五环代表五大洲：蓝色标志着欧洲，黄色代表亚洲，黑色象征非洲，绿色意指大洋洲，红色喻示美洲。

5. 奥林匹克会旗、会歌

奥林匹克会旗白底无边，中央有五环标志。奥林匹克会旗即五环旗的含义为：象征五大洲的团结，全世界的运动员以公平、坦率的比赛和友好的精神在奥运会上相见。1958年国际奥委会在东京第55次会议上正式确认第1届奥运会演唱的希腊古典乐曲《萨马拉斯颂歌》为固定的奥林匹克运动会会歌。

6. 奥林匹克圣火

奥林匹克圣火象征和平、正义、友谊、团结和青春活力。自1928年起，在奥运会开幕式上都要点燃圣火。无论奥运会在何地举行，都要在希腊奥林匹亚村希腊女神赫拉庙前，按传统的仪式，用聚光镜聚集阳光引燃火炬。在开幕式上，由主办国的一批优秀运动员高擎火炬穿过主体育场，最后由一人点燃圣火，圣火一直燃烧到大会闭幕式为止。

拓展阅读

中国古代早期健身方式——八段锦

八段锦是一种在中国古代发明的健身方法，由8种肢体动作组成，内容包括肢体运动和气息调理。

八段锦一般由8种动作组成，每种动作称为一"段"。每种动作都要反复多次，并配合气息调理（如舌抵上腭、意守丹田）。八段锦的动作一般比较舒缓，适合各年龄段的人锻炼。

其在姿势上分为坐式和站式两种，坐式要求盘膝正坐，站式要求双脚微分与肩同宽，具体动作各不相同。坐式和站式都分别由八句话总结动作要领。

坐式：

手抱昆仑　天柱微震

托天按顶　牢攀脚心

臂转车轮　左右开弓

交替冲拳　叩击全身

站式：

双手托天理三焦　左右开弓似射雕

调理脾胃双臂举　五劳七伤向后瞧

摇头摆尾去心火　背后七颠百病消

攒拳怒目增气力　两手攀足固肾腰

八段锦在风格上一般分为南派和北派：南派以柔为主，又称为"文八段"；北派以刚为主，又称为"武八段"。南派与北派在技巧上也有不同，北派更加复杂一些。也有称坐式为"文八段"或"内八段"，站式为"武八段"或"外八段"的。据说八段锦在少林寺发展成了"易筋经十二段锦"。在民间流传的八段锦名目繁多，有"岳飞八段锦""自摩八段锦"等。

学以致用

（1）狭义的体育指什么？它有什么重要的意义？

（2）简述体育的五大功能。

随着社会的发展，健康的内涵变得日益丰富，人们对健康的要求更加严格。健康不仅仅是身体健康、无疾病，心理和社会适应状态也被纳入了健康的范畴。

青少年正处于身体和心智成长的关键时期，体育锻炼的作用更是不可忽视。体育锻炼可以使人体更加协调、更加灵活，同时形成优美的体态，增强生理功能。健康的身体是进行社会活动的前提，它促使人们的心理向健康的方向发展，形成乐观向上的生活态度。

健康篇

——体育促进健康

第一课 青春期身心发展与健康

活动有方，五脏自和。

——范仲淹

应知导航

(1) 了解青春期身体发展的规律和特点。
(2) 了解青春期心理发展的特征。
(3) 掌握增进心理健康的途径。

青春期心理健康

知识探究

一、青春期身心发展

人从受精卵到生长发育成熟，是一个长达 20 年左右的连续过程。在这个过程中，有两次生长发育高峰：第 1 次是从胚胎晚期到婴儿期，第 2 次是在青春期。青春期是童年向成年的过渡时期。在此期间，机体各方面的生长发育都会出现突增的现象。

对女性来说青春期一般指 11~12 岁到 18 岁或 19 岁，男性相对女性可能要晚 1~2 年。青春期开始的早晚，与营养状况、经济水平和气候环境等都有关系。

1. 身体形态发育的特点

（1）身高。

身高变化显著。身高变化可分为两个阶段：①快速增长阶段（男性为 12~15 岁，女性为 10~12 岁），此阶段平均每年可增长 6~8 厘米，最多可增长 9~12 厘米；②缓慢增长阶段（男性为 16~18 岁，女性为 13~18 岁），此阶段增长速度减慢，直至进入身体发育成熟、骨骼钙化期。

（2）体重。

体重增加是青春期的显著特征之一。体重的增加受骨骼、肌肉的生长发育和脂肪增加的影响：男性 16 岁时肌肉质量约占体重的 40%，脂肪质量占体重的 11%~20%；而女性的肌肉质量约占体重的 30%，脂肪质量占体重的 18%~22%。

体重不是越重越好，而应保持在理想的范围内。"体重指数"能大概地反映健康的状况。体重指数的计算方式如下。

体重指数=体重（千克）÷身高（米）的平方

一般情况下：成年人的正常体重指数为19～24，20～24为理想体重；24～26为超重，大于26为肥胖，大于28为重度肥胖；小于19为消瘦，小于17则有可能存在消化性疾病。

（3）第二性征。

随着青春期的到来，男性、女性都逐渐显露各自的第二性征。男性最早出现的第二性征是阴毛，随后依次出现腋毛、喉结突起、变声、出现胡须等特征，体形逐渐魁梧，肩部增宽；女性最早出现的第二性征是乳房长大，以后依次出现阴毛和腋毛等特征，体形逐渐丰满。

2. 身体器官的发育特点

随着形体的变化，器官及其生理机能也进入稳定突增期。在形体发育与功能发育的相互促进下，机体发育渐趋成熟，但功能发育比形体发育相对落后。主要器官发育的特点如下。

（1）血液循环系统。

血液循环系统由心脏、血管、血液组成。青春期心脏发育加快，无论是形态和机能都迅速增长。青春期心率的均值随年龄的增加而逐渐下降。由于青少年情绪易波动，所以较易出现窦性心动过速。血压随年龄的增长而逐年增高，一般在19岁以后基本稳定。

（2）呼吸系统。

呼吸系统由鼻、咽、喉、气管、支气管和肺组成。随着青春期身体的发育，呼吸功能也会增强，表现为肺活量的增大和呼吸频率的相对降低。女性的平均肺活量约为同龄男性的70%。肺活量的大小除受身体基本条件的影响以外，还明显受到后天是否参加体育活动的影响。

（3）血液。

血液主要由血细胞（红细胞、白细胞、血小板）和血浆组成。一个成年人全身血量一般占体重的7%～8%，平时人体的循环血量仅占全身血量的3/5～4/5，其余部分储存于肝、脾中。女性血液受以下因素影响。

①女性进入青春期，月经来潮后，血液有周期性生理损耗现象。

②青春期不注意营养的女性较多，怕胖，用饥饿法使体重减轻，导致营养不良性贫血。

③雄激素能促进血红蛋白和红细胞数量的增加，而女性体内雄激素分泌量较少，使女性的红细胞和血红蛋白都少于男性。

（4）生殖系统。

性发育是青春期最重要的表现之一，包括生殖器官的形态发育、功能发育和第二性征发育。

①男性生殖系统的发育。a. 性器官发育：青春期前睾丸很小，12～16岁期间迅速增大，17岁时达到成年水平；阴囊开始增大，出现皱褶及皮色沉着；阴茎开始变粗、增大，长度、直径增加。b. 性功能发育：主要表现为遗精，这是青春期的正常生理现象；首次遗精一般出现在14岁左右，绝大多数人发生在夏季。

②女性生殖系统的发育。a. 性器官发育：青春期前，女性性器官发育缓慢，基本处于

幼稚状态，进入青春期后，在性激素作用下，内外生殖器官迅速发育，并与其他系统共同进入成熟阶段。b. 性功能发育：月经是女性性成熟程度的标志，初潮时子宫大小仅为成人的 30%；月经形成的周期性过程称为月经周期；月经周期平均为 28 天，这也是女性的生殖周期；一般在 12～14 岁出现的第 1 次月经称为初潮，到 18 岁左右性功能才完全发育成熟。

3. 青春期的体育锻炼

由于青春期是身体发育的关键阶段，所以此时的体育锻炼非常重要。

在青春期，女性的形态为肩部较窄，骨盆较宽，躯干相对较长，下肢较短，皮下脂肪较多。而男生则肩部较宽，骨盆相对较窄，下肢较长，皮下脂肪较少。

针对中职学生这一时期的身体形态特点，要通过合理的体育锻炼，使骨骼承受适度的压力，使下肢长骨的软骨板增生，促进身高的增长。通过锻炼使男性肌肉更加发达，肌肉质量占体重的百分比增高，胸围扩大，体形变得更加匀称、健美。女性则要重视腰腹肌和骨盆底肌的锻炼。在这个年龄阶段加强体育锻炼，还有助于预防和矫正身体发育中的某些异常现象，如过胖和"豆芽儿"体形等。女性乳房的发育除个体差异和遗传因素外，也与青春期的营养、情绪、体育锻炼有密切关系。平时坚持多锻炼，保持挺胸收腹的良好姿势，不束胸，有利于女性乳房的发育。

青春期，心血管系统的功能也日臻完善。体育锻炼使心脏工作负荷加大、心率增加、心脏血流量增多，在心脏冠状动脉血液循环得到改善的情况下，增强了心肌的代谢，因而可使心肌发达，心脏收缩力增强，每搏输出量增加，从而提高了心脏的机能。体育锻炼还能使呼吸肌更加发达，胸围扩大，呼吸差增加，呼吸加深，通气量和肺活量加大，安静时的呼吸频率变慢。肺活量受到体育活动的影响。一般情况下，女性 19 岁、男性 21 岁以后肺活量趋于稳定，如果坚持体育锻炼，肺活量可以继续增长一些，但在停止体育活动后，趋于稳定的肺活量还可能下降，这表明了坚持体育锻炼的重要性。

青春期还是一些身体素质发展的敏感期，此时如能针对身体素质弱项加强体育锻炼，会对身体素质的发展起到促进作用。

二、青春期心理健康

1. 心理健康

（1）心理健康的定义。

心理健康是指个体在各种环境中能保持良好的心理效能的状态。心理健康的人，可以在本身及环境条件许可的范围内，最大程度地提高工作、学习效率。心理卫生是为心理健康服务的，是实现心理健康的手段和基本途径，而心理健康则是心理卫生的目标。

（2）影响心理健康的因素。

影响青少年心理健康的因素主要有生理因素、心理因素和环境因素。

①心理冲突与心理健康。人所遇到的机遇和选择常常不是单一的，在面临两种或两种以上选择时往往会让人犹豫不决，左右摇摆，也就是心理学上所指的冲突情境。在做出选择时，也就意味着失去另一种选择，此时会产生心理冲突，对心理健康产生影响。

②压抑与心理健康。压抑指的是一种无意识的活动，是人们把难以接受的思想、情绪、情感或冲动在不自觉中从自己的意识领域中排除，以致个体根本意识不到自己曾经有过这

种想法或冲动，久而久之对生理和心理都可能产生潜在的、负面的影响（见图2-1）。

图 2-1

2. 增进心理健康的途径

心理健康应通过平时的学习、生活、工作去调整（见图2-2）。处于青春期的中职学生应做好以下几点。

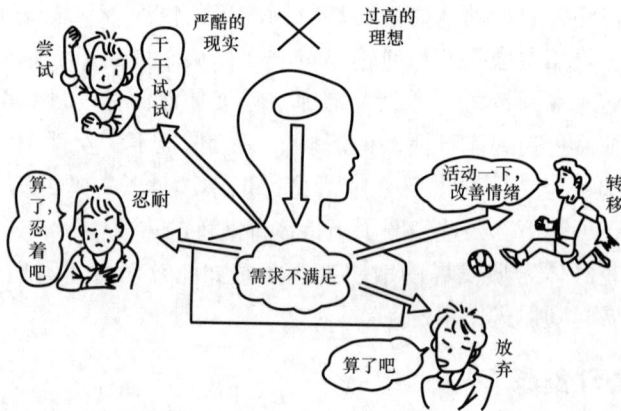

图 2-2

（1）学习心理卫生知识促进心理健康。

青少年已经基本接近成熟，自我意识有了很大的发展。最重要的教育莫过于自我教育。青少年应增强心理卫生意识，自觉学习心理卫生知识，而不应使自己在这方面一无所知。如果拥有了心理卫生知识，就可以进行自我保护、自我调节。

（2）建立合理的生活秩序。

这是增进心理健康的必要条件。学生跨进校门便进入了一个崭新的环境，依赖家长的日子一去不复返，似乎获得了更多的"自由"。不过，假如不重视这种自由，随心所欲，我行我素，扰乱了自己的生活节奏，就会给自己带来心理上的损伤。校园是一个相对独立的"小社会"，校园生活是丰富多彩的，同学们应积极参加各种有意义的活动。这样能让紧张的生活得到放松，又可在活动中培养各方面的潜质，开阔视野，广交朋友，体验愉悦，增强信心；还可以使自己的生活有规律，做到劳逸结合，提高各方面的效率。

（3）尽快适应中职生活。

学生的任务是学习，因此，许多心理活动都与学习有关。新生进校时常会出现两种倾向：一是觉得中职没有普通高中紧张，该轻松一下了，既没有家长的过多叮嘱，也没有老师的过多干涉和管束，认为"60分万岁"，任由自己的学习光阴白白流逝；二是不适应中职的学习方式和方法，周围高手云集，亲人又对自己寄予厚望，压力增大了，产生严重的焦虑心理，尽了力又达不到目标而造成被动应付，丧失自信心。这些倾向都会导致学业上的挫折感，带来烦恼及自我否认的心理问题。

知识链接

因学习压力太大而引起生理上的反射性紧张，或因心理压抑而烦躁不安时，可进行静心养神练习帮助稳定情绪。

（1）选择一个静谧的环境，坐在一个舒适的位置上，使自己产生一种即将入睡的意向，但不要躺下。

（2）闭上双眼，使自己安静下来。

（3）放松全身肌肉，从足部开始向上直到面部。

（4）用鼻进行有意识的呼吸，即吸气时默念"一"，呼气时默念"二"，以防止思想分散。呼吸时要自然放松，保持一定的节奏。

（5）持续10~20分钟后，睁开眼看一下时间，切不可使用闹钟或其他提醒装置。完成动作后再闭目静坐几分钟。

每天可练习1~2次，但不宜在饭后两小时内进行。

（4）注意保护大脑。

脑是人体的神经中枢，也是心理器官。假如大脑被损伤，心理健康就无从谈起。过度的紧张、疲劳，高度的兴奋，强烈的刺激，都可能造成脑工作能力的下降，同学们切不可因一时兴起而忽视了脑部健康。

（5）保持良好的情绪。

这是增进心理健康的关键。良好而稳定的情绪能使人心情开朗、轻松愉快、精力充沛，对生活和世界总是充满信心、保持乐观。相反，假如情绪波动剧烈，喜怒无常，处于不良情绪之中，而自己又无法加以调节和控制，就会导致心理失衡和失常，更有甚者会出现精神错乱。青少年的情绪是丰富而又不稳定的，因此更应保持良好的情绪状态。

（6）学会健康的娱乐方法。

青少年的兴趣和爱好是相当广泛的，应充分培养和发展自己的业余爱好，开展多种自我娱乐活动。当有寂寞、孤独、忧郁、烦闷等情绪时，就可以通过各种娱乐活动来调节。要学会留点空闲时间进行积极的放松和调整，从而提高工作和学习的效率，维持自己的心理健康。

第二课 安全体育锻炼与健康

如果你想强壮，跑步吧！
如果你想健美，跑步吧！
如果你想聪明，跑步吧！

——古希腊格言

应知导航

（1）了解体育锻炼中会出现哪些正常的生理反应。
（2）掌握运动中常见事故的预防和急救方法。

A 知识探究

运动需要安全监督。不合理的运动以及运动后产生异常现象，如果处理不当，不仅不能收到预期的锻炼效果，而且还会影响健康，严重者甚至会致残。所以在实际锻炼过程中，都必须遵循科学锻炼的原则来选择适宜的锻炼方法与环境、确定合适的运动负荷，了解卫生与安全保障措施，学习自我监督与防治运动创伤的知识及处置方法；否则就无法达到体育锻炼的理想效果。

一、运动中正常的生理反应

在体育锻炼过程中，人体的生理平衡可能会受到暂时性破坏并出现某些生理反应，这种反应称为运动生理反应。常见的运动生理反应及处理方法如下。

1. 肌肉酸痛

（1）原因。肌肉酸痛多数是由于平时缺乏锻炼或运动量过大造成的。

（2）预防与处置。要做好准备活动，运动开始时运动量小些，然后逐渐增加。在一个阶段的锻炼中，也要遵循循序渐进的原则。每次锻炼后，要及时做好放松活动，如仍然有酸痛现象，可采取局部按摩、热敷或用松节油擦抹等方法促进气血通达，缓解酸痛。

2. 运动中腹痛

（1）原因。准备活动不充分或者在长跑和做其他激烈运动时，膈肌运动异常，血液淤积在肝、脾两区，会引起腹痛；在运动前饮食过多，或者过于紧张导致胃、肠痉挛等，都会引起腹痛。

（2）预防与处置。做好准备活动，运动负荷要循序渐进，并注意呼吸自然，切忌闭气。如已产生腹痛，可适当减慢跑速，加深呼吸，揉按疼痛部位或弯着腰跑一段，以缓解疼痛；腹痛严重者，可停止运动，送医院诊断、治疗。

3. 肌肉痉挛（也叫抽筋）

（1）原因。肌肉突然猛力收缩或用力不均匀，或受到冷水（或冷气）的刺激，引起肌肉收缩与放松不协调。

（2）预防与处置。在运动前对容易发生痉挛的部位充分做好准备活动，并适当按摩。运动间歇时要注意保暖。如已产生痉挛，则应立即对痉挛部位进行强制性牵拉或按摩。

4. 运动性昏厥

在运动过程中，脑部突然血液供给不足并达到一定程度时，发生的短暂知觉丧失现象，称为运动性昏厥。其症状表现为面色苍白、手脚发凉、呼吸缓慢、眼睛发黑、失去知觉而昏倒。

（1）原因。长时间剧烈运动，四肢血液回流受阻，或突然进入激烈运动状态（如疾跑、冲刺），或在极度疲劳下继续勉强锻炼，或久蹲后骤然站起，或疾跑后急停，或在空腹状态下锻炼出现低血糖等，都有可能引起运动性昏厥。

（2）预防与处置。平时应经常参加体育锻炼，以增强体质。运动时要控制运动负荷，防止过度疲劳。一旦出现运动性昏厥，应立即使患者平卧，使脚高于头部，并进行由小腿向大腿、心脏方向的按摩，如发生呼吸障碍，应立即进行人工呼吸。轻微者可由同伴搀扶慢走，并做伸展运动和深呼吸等。

5. 极点和第二次呼吸

（1）原因。剧烈运动时，人体器官的功能存在惰性，与肌肉活动需要不相称，致使氧债不断积累，乳酸堆积，达到一定程度时，就会出现胸闷、呼吸急促、下肢沉重、动作不协调，甚至恶心、呕吐等现象，这就是运动生理学中所称的"极点"。

（2）预防与处置。平时应加强体育锻炼，不断提高机体对运动的适应能力，这可延缓极点出现的时间并减轻症状。当极点出现后，应适当减小运动负荷，加深呼吸，上述异常反应可逐渐缓解或消失。随后，动作又重新变得轻松、协调，运动能力又有提高，这种现象，称之为"第二次呼吸"。

二、运动中常见意外事故的预防与救治

1. 常见的运动创伤与处置

（1）软组织损伤的处置。

这类损伤可分为开放性损伤和闭合性损伤两类。前者有擦伤、撕裂伤、刺伤和划伤等，后者有挫伤和肌肉拉伤等。下面介绍擦伤、撕裂伤和肌肉拉伤。

①擦伤。运动时，因摔倒致伤或皮肤受器械摩擦致伤。擦伤后皮肤会出血或有组织液渗出。小面积擦伤，用红药水涂抹伤口即可；大面积擦伤，应先用生理盐水洗净后涂抹红药水，再用消毒纱布覆盖包扎。

②撕裂伤。剧烈运动时突然受到强烈撞击，造成肌肉撕裂，即形成撕裂伤，其有开放

伤和闭合伤两种。常见的撕裂伤有眉际撕裂、跟肌撕裂等。轻度开放伤，用红药水涂抹即可；裂口大，则需止血和缝合，必要时，应注射破伤风抗毒血清。

③肌肉拉伤。在外力作用下，肌肉过度主动收缩或被动拉长，均可能引起肌肉拉伤。这种损伤多数是由于准备活动不充分、动作不协调或者用力过猛造成的。致伤后，轻者应即刻冷敷、局部加压、包扎，并抬高患肢，24小时后可施行按摩；严重者，肌肉完全撕裂，应经加压、包扎后，立即送医院做手术缝合治疗。

（2）关节、韧带扭伤的处置。

①急性腰伤。运动时因腰部受力过重，肌肉收缩不协调，或脊椎运动超过正常生理范围而致伤。例如，挺身式跳远、举重时过分挺腹、跳水时下肢后摆过多等，均可能造成急性腰伤。

轻度损伤，可轻轻揉按受伤部位。重度损伤者应立即平卧，并用担架护送至医院治疗；处理后，应睡硬板床或腰后垫一枕头，使肌肉、韧带处于放松状态，24小时后可施行按摩。

②踝关节扭伤。通常因跳起落地时身体失去平衡，使踝关节过度内翻或外翻而致伤。场地不平或动作不协调等，也都有可能造成踝关节扭伤。

扭伤后，伤处肿胀、疼痛，皮下出血。如果疼痛剧烈，不能站立、行走，则可能发生了骨折，应立即送医院诊断、治疗。

对于一般的运动损伤，一般采用"RICE"处理法，如图2-3所示。

"RICE"处理法

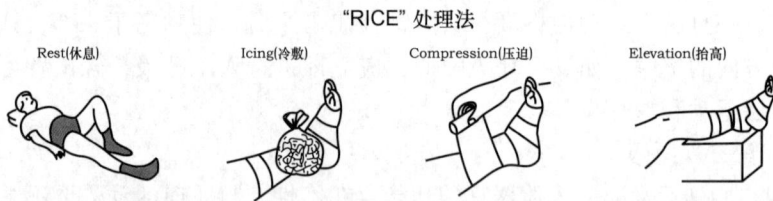

Rest(休息)　　Icing(冷敷)　　Compression(压迫)　　Elevation(抬高)

图2-3

（3）中暑和贫血时的处置。

中暑和贫血时的处置可参照图2-4所示的方法。

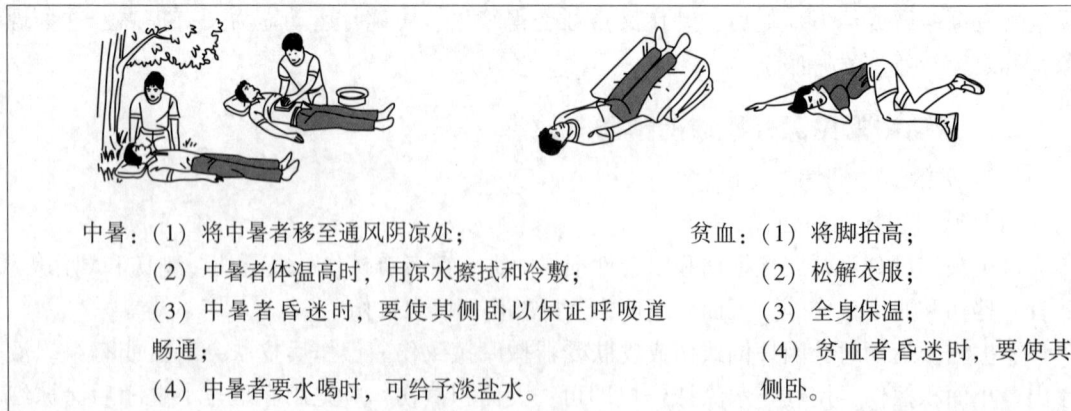

中暑：（1）将中暑者移至通风阴凉处；
　　　（2）中暑者体温高时，用凉水擦拭和冷敷；
　　　（3）中暑者昏迷时，要使其侧卧以保证呼吸道畅通；
　　　（4）中暑者要水喝时，可给予淡盐水。

贫血：（1）将脚抬高；
　　　（2）松解衣服；
　　　（3）全身保温；
　　　（4）贫血者昏迷时，要使其侧卧。

图2-4

2. 急救的基本知识

当发生骨折、关节脱位、脑震荡、休克等较重的伤害时要实施急救。掌握一些基本的急救方法是非常必要的。休克的急救方法见图2-5。

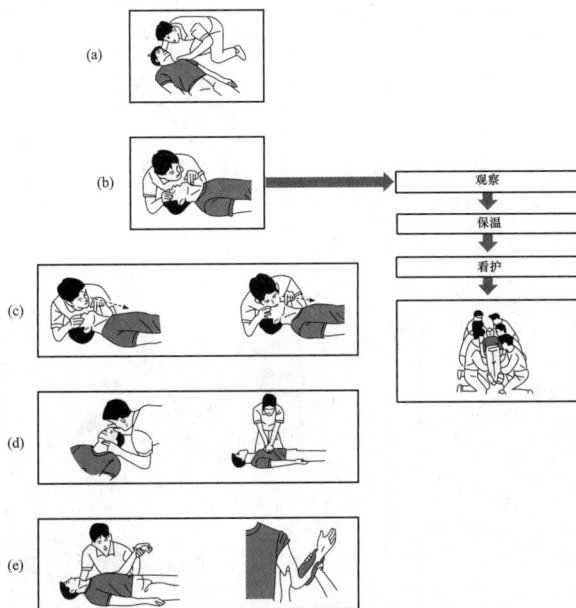

图2-5

当发生重大损伤后，要根据情况，做如下处置。

（1）先呼叫伤者，判断伤者有无意识。

（2）判断伤者是否有呼吸，如果是有呼吸的昏迷，应首先保证伤者的呼吸道通畅，然后将其置于舒适体态，实施保温；如果伤者有外伤，要进行包扎，并将其送至医院，以实施进一步救治。

（3）如果伤者没有呼吸，立即对其施行口对口人工呼吸。

（4）如果伤者没有脉搏，就要对其实施胸外心脏按压。

（5）伤者如有伤口出血，应马上进行止血、包扎。对骨折或脱位患者，应采用简易夹板固定伤肢。对关节脱位患者，如果不具备整复条件，不可随意做整复手术，以免增加患者的痛苦，应及时将伤者送往医院治疗。对脑震荡患者，应立即让其平卧，并做头部冷敷。

3. 人工呼吸、止血、包扎和固定的演练

（1）人工呼吸的演练（见图2-6）。

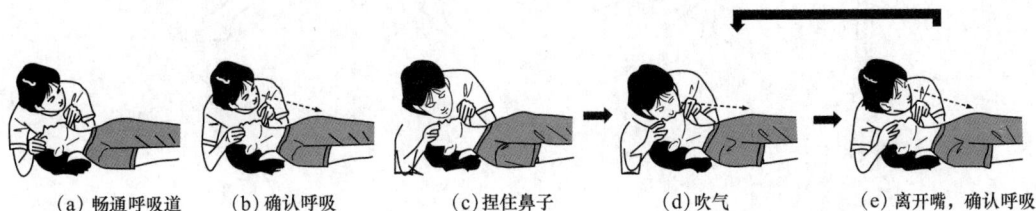

（a）畅通呼吸道　（b）确认呼吸　（c）捏住鼻子　（d）吹气　（e）离开嘴，确认呼吸

图2-6

（2）止血方法的演练（见图2-7）。

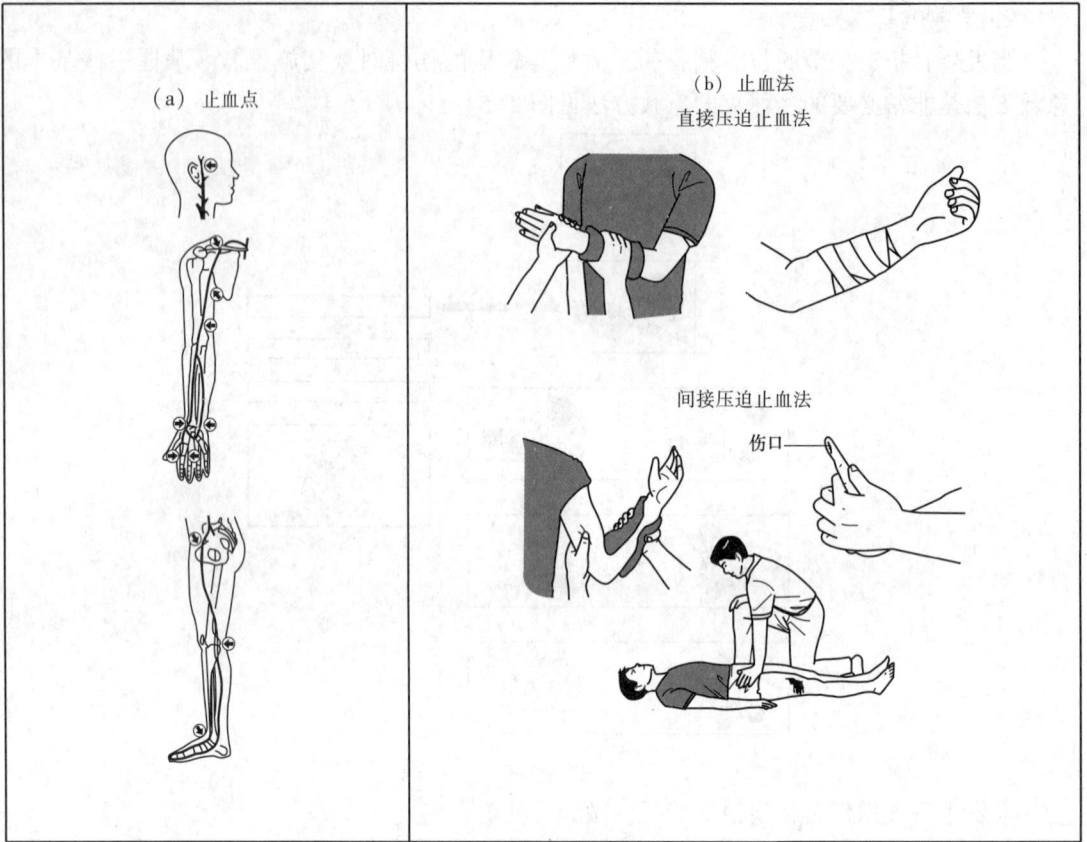

图 2-7

（3）包扎方法的演练。

①绷带包扎（见图 2-8）。

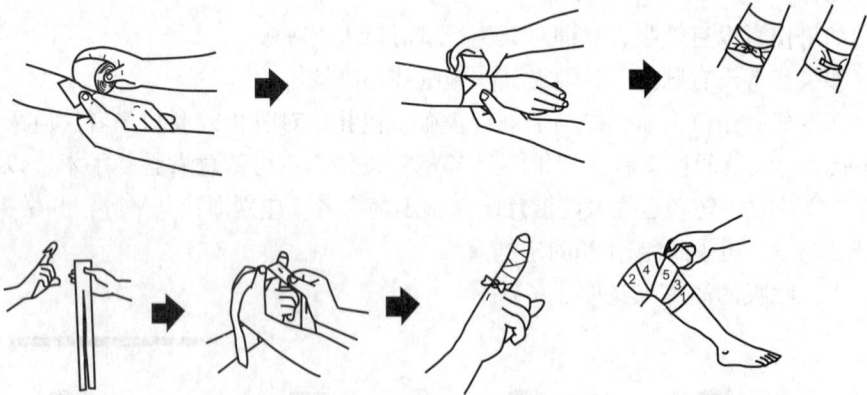

图 2-8

②三角小包扎（见图2-9）。

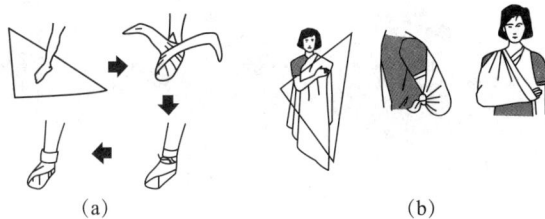

(a)　　　　　　　　　　　(b)

图2-9

（4）骨折、扭伤时固定方法的演练。

①脚腕扭伤时的固定方法（见图2-10）。

(a)　　　　　　(b)　　　　　　(c)

图2-10

②手臂、小腿、膝关节等骨折及用简易用具固定的方法（见图2-11）。

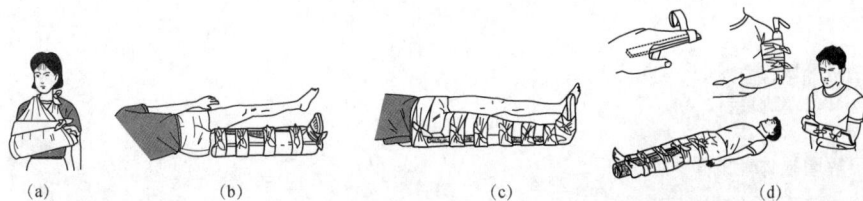

(a)　　　　　(b)　　　　　(c)　　　　　(d)

图2-11

4．搬动伤员的演练

（1）徒手搬运（见图2-12）。

一人搬运	两人搬运	多人搬运

图2-12

（2）用担架搬运（见图2-13）。

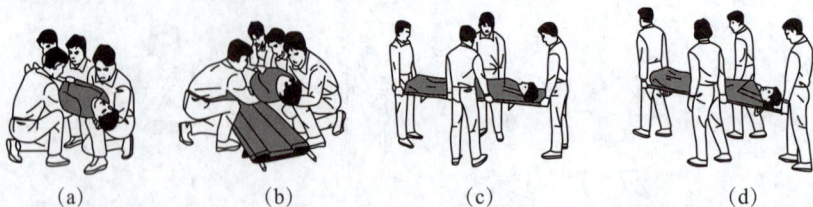

（a）   （b）   （c）   （d）

图 2-13

第三课　体能及体育测试

运动太多和太少，同样地损伤体力；饮食过多与过少，同样地损害健康；唯有适度可以产生、增进、保持体力和健康。

——亚里士多德

应知导航

（1）了解增强体能的重大意义。
（2）了解体育体能测试的标准。

知识探究

一、体能的内涵

所谓体能，通俗地讲就是人们常说的体力。反映体能的指标主要是身体基本活动能力和身体素质。人类的生存与发展，无论出于生存需要，还是为了追求更高的生活质量，或是提高运动能力，都依赖自身体能的发展。随着人类对自身认识的不断深入，人们已经进一步意识到体育锻炼对提高身体健康水平的重要性，且应针对不同健身目的而采用不同锻炼方法。

当今人类社会的发展和科学技术水平的提高，为人们带来了文明和幸福，但也带来了不少新的危机。环境污染、生活节奏加快和精神超负荷等，导致了许多"文明病"和其他怪病的产生，这些病严重威胁着人类的健康。人们为了更好地适应环境的变化、拓展生存空间并完善和超越自身，就必须更加努力地增强这些基本活动能力。

二、体能的测定标准

体能测验是指对个体身体素质和运动能力的测定。

1. 《国家学生体质健康标准》测试项目与评分标准

（1）《国家学生体质健康标准》测试项目。

固测项目：身高、体重（身高/体重）。

选测项目（每组中任选一项）：①台阶试验、肺活量；②50米跑、立定跳远、立卧撑；③握力/体重指数、坐位体前屈。

（2）各测试项目比重。

固测项目：占15%。

选测项目（每组中任选一项）：①台阶实验、肺活量指数，占35%；②50米跑、立定跳远、俯卧撑，占30%；③握力/体重、坐位体前屈，占20%。

（3）评分标准。

优秀，总分86~100分；良好，总分76~85分；及格，总分60~75分；不合格，总分60分以下。

2. 测试项目操作方法

（1）身高。

①测量作用。通过计算身高与体重、其他肢体长度及围度、宽度指标的比例关系，反映人的体格匀称度和体型特点，也为评价学生生长发育及营养状况等方面提供参考依据。

②场地器材。身高测量计。使用前应确保指针在零点位置，同时应检查立柱是否垂直、连接处是否紧密无松动、零件有无缺损等情况，以保证所测数据准确可靠。

③测量方法。被测者不穿鞋，以立正姿势站在身高测量计的踏板上，上肢自然下垂，足跟并拢，足尖分开成60度，足跟、骶骨部及两肩胛骨区与立柱相接触，躯干自然挺直，头部正直，两眼平视。以厘米为测量单位，精确到小数点后一位，测试误差不得超过0.5厘米。

（2）体重。

①测量作用。体重测量应与身高测量相配合。体重不仅能反映人体骨骼、肌肉、皮下脂肪及内脏器官的发育状况，而且还可以间接地反映人体营养状况。体重过重，容易出现不同程度的肥胖，而过度肥胖又易引发心血管疾病；体重过轻，则有可能是营养不良和疾病的表现。因此，适宜的体重对人体的健康有着重要的意义。

②场地器材。体重计。使用前应调整指针到零点位置。体重计准确度误差控制在每百千克误差小于0.1千克。

③测量方法。测试时将体重计放在平坦地面上，被测者赤足站在秤台中央（见图2-14）。男生身着短裤，女生身着短裤、短袖衫。读数以千克为单位，精确到小数点后一位，测试误差不超过0.1千克。

图2-14

（3）肺活量。

①测量作用。肺活量是指人体一次最大吸气后再尽最大力量所呼出的气体量，它的大

小反映了肺的容积和肺的扩张能力，是反映人体生长发育水平的重要机能指标之一。

②场地器材。电子肺活量计。

③测量方法。将电子肺活量计主机放置在平稳桌面上，接上电源。测试时先将电子肺活量计口嘴装在叉式管的进气端，被测者面对仪器站立，手持吹气口嘴，保持导压软管在叉式管上方位置，头部略后仰，尽力深吸气，直至不能吸气为止（避免耸肩提气，应该像闻花似的慢吸气）；屏住气再将嘴对准口嘴尽力做深呼气，直到不能呼气为止，此时显示器上显示的值即为肺活量值。测试两次，每次间隔15秒，取最大值。记录以毫升为单位，不保留小数点。仪器误差不得超过3%。

（4）台阶试验。

①测试作用。台阶试验是一种简易的评价心血管系统机能的定量负荷试验（见图2-15）。

②场地器材。台阶或凳子、节拍器（或录音机及磁带）、秒表、台阶试验仪。

③测量方法。男生用40厘米高的台阶（或凳子），女生用35厘米高的台阶（或凳子），先测定安静时的脉搏，然后被测者做轻度的准备活动，主要是活动下肢关节。被测者站立在台阶（或凳子）前方，按照节拍器以30次/分的频率上、下台阶（或凳子）：从预备姿势开始，听到第1声响时，一只脚踏在台阶（凳子）上（见图2-15）；第2声响时，另一只脚跟上并在台阶（凳子）上站立；第3声响时，先踏台阶（凳子）的脚先下地；第4声响时，另一只脚下地还原成预备姿势。用每2秒上下一次的速度连续做3分钟。做完后立刻坐在椅子上测量运动结束后第1分钟至1分半钟、第2分钟至2分半钟、第3分钟至3分半钟的3次脉搏数，并用下列公式求得评定指数，计算结果包含有小数点的，对小数点后1位进行四舍五入取整数进行评分。

图2-15

评定指数=［踏台阶（凳子）上、下运动的持续时间（秒）×100］/2×（3次测定脉搏数的和）

（5）50米跑。

①测试作用。50米跑是国际上通用的测试项目，可反映人体中枢神经系统的机能状态和神经与肌肉的调节机能，并能反映人体的爆发力、灵敏性、反应力、柔韧度等素质。

②场地器材。50米直线跑道若干条，地面平坦，地质不限，跑道线要清晰。发令旗一面，口哨一个，秒表若干个（一道一表），使用前应进行校对，每分钟误差不超过0.2秒。

③测试方法。被测者至少2人一组测试，站立式起跑。当被测者听到"跑"的口令后开始起跑。发令员在发出口令的同时要摆动发令旗，计时员看见旗动开表计时。被测者躯干部到达终点线的垂直面停表。以秒为单位记录成绩，精确到小数点后1位。小数点后第2位按"非零进1"原则进位，如10.13秒读成10.2秒，并记录。

（6）立定跳远。

①测试作用。立定跳远是评价学生下肢肌肉爆发力、腰腹力量、身体协调能力及跳跃能力的指标之一。

②场地器材。沙坑（沙面与地面齐平，如无沙坑也可在松软的平地上进行）、丈量尺。沙面尽量与地面平齐。起跳线至沙坑近端不少于 30 厘米。起跳地面要平坦，不得有凹坑。

③测试方法。被测者两脚自然分开站在起跳线后，脚尖不得踩线。两脚原地同时起跳，不得有垫步或连跳动作。丈量起跳线后缘至最近着地点后缘的垂直距离。每人跳 3 次，记录其中最好一次成绩。以厘米为单位，不计小数。

（7）坐位体前屈。

①测试作用。坐位体前屈主要是评价学生在静止状态下的躯干、腰、髋等关节可能达到的活动幅度，主要反映这些部位关节、韧带和肌肉的伸展性、弹性及学生身体柔韧素质的发展水平。

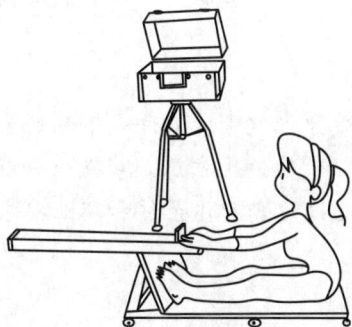

②场地器材。坐位体前屈测试计。

③测试方法。见图 2-16：被测者两腿伸直，两脚平蹬测试纵板坐在平地上，两脚分开 10～15 厘米；然后两手并拢，两臂伸直向前，渐渐使上体前屈，用两手中指尖逐渐向前推动游标，直到不能前推为止。测试计的脚蹬纵板内沿平面为零点，向后为负值，向前为正值。测试两次，取最好成绩。以厘米为单位记录，精确到小数点后 1 位。

图 2-16

（8）握力/体重指数。

①测试作用。测试握力主要评价被测者肌肉静力的耐力状况，反映学生上肢肌肉力量的发展水平。此外，通过握力的测量还能够间接反映一个人的健康状况。

②场地器材。电子握力计或合格的弹簧式握力计。

③测试方法。将握力计指针调至零点，被测者两脚自然分开成直立姿势，两臂自然下垂，用有力手以最大力紧握握力计（此时握力计不能接触衣服或身体），计下握力计指针的刻度（或握力计所显示的数字）。测试两次，取最大值。握力的单位为牛，测试时保留 1 位小数。计算出指数后舍去小数，用整数查表评分。例如，计算得指数为 58.6，按 58 查表评分。

$$握力/体重指数=\frac{握力（牛）}{体重（牛）}\times100$$

（9）立卧撑。

①测试作用。测试学生身体姿态变换的灵敏性和身体的一般肌肉耐力。

②场地器材。一小块平整且清洁的场地、一个秒表。

③测验方法。被测者开始为直立姿势，然后屈膝全蹲，两手撑地（两手间距同肩宽），后成俯撑，然后两脚用力蹬地收腹成蹲撑，还原成直立，连续做 30 秒，记录完成的次数。

拓展阅读

1. 增强健康意识，促进智力发展

当今信息社会是知识密集的高智能社会，没有强健的身体就不能适应繁重的学习任务和工作需要。中职学生正处于体质发育成长的关键时期，通过有规律的体育活动，可以提高神经系统活动过程的均衡性和灵活性，增强操作思维和视觉思维能力，使注意力、记忆力、观察想象力等智力因素得到提高，使中职学生既可胜任繁重的学习任务，又可以消除长时间紧张学习带来的身体疲劳，调节情绪，保持良好的身心状态，促进和提高学习效率。

2. 树立终身体育锻炼思想

未来社会现代化程度越来越高，身体活动越来越少，对身体健康带来许多不利的影响。对中职学生来说，更需要通过系统的健康教育，建立现代的健康意识，掌握应具有的健康意识，养成健身习惯，树立终身体育锻炼的思想，选择适合身体条件和职业要求的锻炼手段和方法，坚持体育锻炼，促进和保持身体健康。

3. 改善人际交往能力、培养竞争意识

我国著名的医学心理学家丁瓒教授指出："人类的心理适应，最主要的就是对于人际关系的适应，所以人类的心理病态，主要是由于人际关系的失调而来。"体育教学人际交往呈群体多向性，师生、学生之间群体多向性的人际交往与活动，培养了学生的人际沟通能力。学生通过体育活动去认识体育、认识生活、认识社会，并使这种认识升华到信念、世界观的层面上，对学生情感的陶冶、人格的塑造、人生观和价值观的形成起到积极的促进作用。

总之，中职学生的心理健康状况，不仅会影响其在校学习生活，还将直接影响其终生发展。为了使中职学生心理健康发展，希望社会、学校、家庭都能充分重视，使心理健康教育规范化、合理化、法制化，只有这样才能使中职学生心理得以健康发展。

学以致用

（1）什么是心理健康？

（2）体育运动中常见的生理反应有哪些？

（3）什么是体能？发展体能的意义有哪些？

田径运动是在人类社会的发展中形成的。古时候，人们为了生存而逐步形成了走、跑、跳、投掷等各种劳动技能，并自发地组织了相关项目比赛，这就是田径运动的雏形。现在，人类将其定义为："由田赛和径赛、公路赛、竞走和越野赛组成的运动。"

青少年经常进行田径运动，既能较全面地影响其身体各器官的机能，促进生长发育，又可以提高人体对外界环境的适应能力，增强肌体的抗疾病功能；同时，可以娱乐身心，培养健康向上的心理素质。

田径篇

——更快、更高、更强

第一课　田径运动概述

"我从高中就开始赛跑了。我的体会就是'跑得快，姑娘爱'。"

——金·柯林斯

应知导航

（1）了解田径运动的发展阶段。
（2）了解田径运动对身体健康的促进作用。

知识探究

一、田径运动的定义

国际业余田径联合会章程第一条将田径运动定义为："田径运动是由田赛和径赛、公路赛、竞走和越野赛组成的运动项目。"

二、田径运动的起源与发展

田径运动是在人类社会发展中逐步产生和发展的。远在上古时代，人们为了生存和获得生活资料，逐步形成了走、跑、跳跃、投掷等各种生活劳动技能，并自发地组织跑、跳跃、投掷等项目的比赛，逐步产生田径运动的雏形。

当前重大田径比赛有奥运会田径比赛、世界杯田径比赛和世界田径锦标赛。

田径运动在一个多世纪的发展过程中，大体可为以下 5 个阶段。

（1）第 1 阶段：19 世纪末至 20 世纪初。该时期是现代田径运动开始形成、发展，在较低水平上逐步提高的阶段。

（2）第 2 阶段：1913—1920 年。该时期受第一次世界大战影响，是世界田径运动成绩的下降阶段。

（3）第 3 阶段：1921—1936 年。该时期是世界田径运动恢复、发展与提高阶段。

（4）第 4 阶段：1937—1948 年。该时期受第二次世界大战的影响，是世界田径水平第 2 次下降阶段。

（5）第 5 阶段：1952 年至今。该时期是世界田径运动成绩持续不断提高并达到很高水平的阶段。在这个阶段里，从运动员的选拔，到科学训练、技术更新、场地器材不断改进、裁判工作自动化及电子化，都直接或间接地应用了多学科的研究成果，保证了田径运动健康、迅速发展和运动成绩的提高。

三、田径运动对健康的促进作用

1. 提高人体对外界环境的适应能力

田径运动大多在户外进行，故人体能更多地受到日光、空气、环境等自然条件的影响。经常参加田径运动，能提升人体对外界环境的适应能力，增强机体对疾病的抵抗能力。

2. 促进人体的全面发展

参加田径运动，能够促进人体的新陈代谢，增强心血管系统、呼吸系统、神经系统及其他内脏器官的功能，能有效地激励人增强力量、耐力、速度、灵敏、柔韧等身体素质和基本活动能力，促进人体的全面发展。

3. 培养健全的心理

田径运动最显著的一个特点，是用时间、距离、高度和远度等定量说明成绩。参加运动，可以使参加者形成竞争意识，不断迎接新的挑战。经常进行田径运动锻炼，对培养积极向上、奋勇拼搏、竞争与合作的精神以及克服各种生理和心理障碍，都有积极的影响。

知识链接

中国田径运动员所获奥运奖牌见表3-1。

表3-1　中国田径运动员所获奥运奖牌

年　份	运动员	项目成绩
1984	朱建华	男子跳高铜牌
1988	李梅素	女子铅球铜牌
1992	陈跃玲	女子10千米竞走金牌
	李春秀	女子10千米竞走铜牌
	黄志红	女子铅球银牌
	曲云霞	女子1 500米跑铜牌
1996	王军霞	女子5 000米跑铜牌
	王军霞	女子万米跑银牌
	王妍	女子10千米竞走铜牌
	隋新梅	女子铅球银牌
2000	王丽萍	女子竞走20千米金牌
2004	刘翔	男子110米栏金牌
	邢慧娜	女子万米跑金牌
2008	张文秀	女子链球铜牌
	周春秀	女子马拉松铜牌
2012	陈定	男子20千米竞走金牌
	王镇	男子20千米竞走铜牌
	司天峰	男子50千米竞走铜牌
	李艳凤	女子铁饼铜牌
	张文秀	女子链球铜牌
	切阳什姐	女子20千米竞走铜牌
	巩立姣	女子铅球铜牌

续表

年　份	运动员	项目成绩
2016	刘虹	女子20千米竞走金牌
	吕秀芝	女子20千米竞走铜牌
	董斌	男子三级跳远铜牌
	张文秀	女子链球银牌
	王镇	男子20千米竞走金牌
	蔡泽林	男子20千米竞走银牌

第二课　跑

"我会用实际行动证明，亚洲有我！中国有我！"

——刘翔

应知导航

（1）了解跑步运动包括的项目。

（2）掌握跑的基本要领和练习方法。

（3）了解跨栏跑的基本要领和练习方法。

知识探究

跑的项目包括在跑道上进行的短距离赛跑、中距离赛跑、长距离赛跑、接力赛跑、跨栏跑、障碍跑和在公路上进行的马拉松比赛。跑步可以有效地增强各种身体素质和提升意志品质，是增强体质的有效手段。

一、跑的基本要领 （见图3-1）

途中跑阶段，躯干保持正直并稍前倾，摆动腿应迅速有力地前摆，用前脚掌落地，蹬地应快而有力，两臂做迅速有力的前后摆动。

图 3-1

二、短跑和长跑的主要区别（见图 3-2）

短跑需要大臂大幅摆动，带动身体前冲，步频和步幅要尽量地加快、加大。长跑则一般是由身体带动大臂摆动，尽量保持身体的平衡，运动员往往根据自身的条件确定步频和步幅。

(a) 短跑

(b) 长跑

图 3-2

三、起跑和冲刺技术（见图 3-3）

低头、身体前倾　用力蹬地伸膝　用力摆臂　两臂后伸　挺胸

不要勉强扩大步幅

(a) 起跑　　　　　　　　　　　　　　　　(b) 冲刺

图 3-3

四、跑的基本练习（见图3-4）

图 3-4

五、跨栏跑

跨栏跑是技术较为复杂的田径项目，也是一种特殊的快速跨越障碍的方法。田径比赛的跨栏跑项目有女子 100 米栏、男子 110 米栏和男、女子 400 米栏。每个项目都设 10 个栏架，但栏高和栏距不同。

1. 跨栏跑技术与要领（见图3-5）

跨栏跑比赛必须使用起跑器和蹲踞式起跑。跨越栏架这一步叫作"跨栏步"，它包括起跨、过栏和下栏 3 个部分。

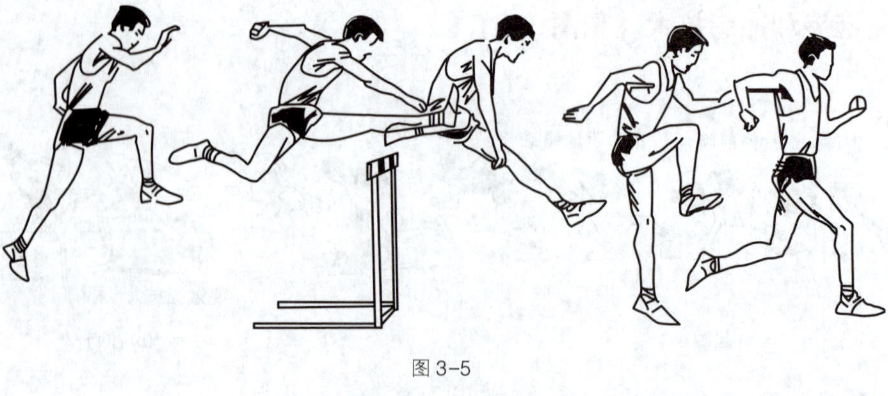

图 3-5

跨栏步动作要领如下。

起跨时，躯干应适度前倾。摆动腿大腿迅速高抬，起跨腿充分蹬伸，摆动腿异侧臂前伸，眼看栏板，起跨角为60度~70度。起跨完成后，摆动腿小腿向栏板上方前伸，前伸臂继续前伸，躯干前倾。

当摆动腿到达栏板上方时，标志着“过栏”动作开始，摆动腿下压，起跨腿外展，前伸臂后摆，完成过栏动作。

下栏时，用脚掌牢固地支撑在跑道上，起跨腿向前高抬，躯干保持前倾。

栏间跑最好跑3步。这3步的长度比例大约是1.6∶2∶1.9。栏间跑技术主要有3点要领，即前脚掌着地、保持较高的身体姿势、频率要快。

2. 跨栏跑的基本练习（见图3-6）

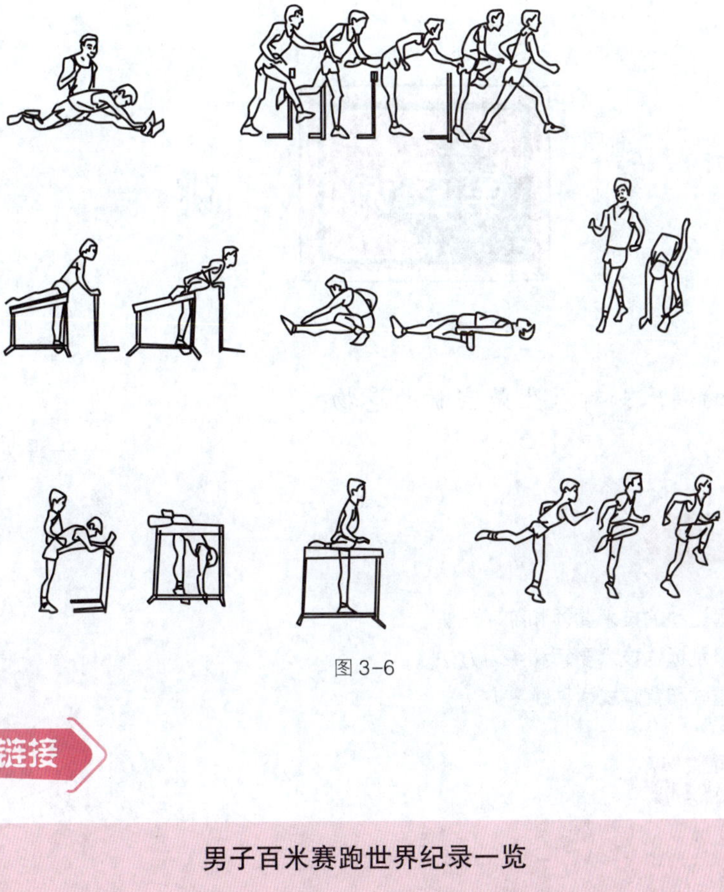

图3-6

知识链接

男子百米赛跑世界纪录一览

9.95秒　海因斯（美国）1968年10月

9.93秒　史密斯（美国）1983年7月

9.92秒　刘易斯（美国）1988年9月

9.90秒　伯勒尔（美国）1991年6月

9.86秒　刘易斯（美国）1991年8月

9.85秒　伯勒尔（美国）1994年7月

9.84 秒　贝利（加拿大）1996 年 7 月
9.79 秒　格林（美国）1999 年 6 月
9.78 秒　蒙哥马利（美国）2002 年 9 月
9.77 秒　鲍威尔（牙买加）2005 年 6 月
9.74 秒　鲍威尔（牙买加）2007 年 9 月
9.72 秒　博尔特（牙买加）2008 年 6 月
9.69 秒　博尔特（牙买加）2008 年 8 月
9.58 秒　博尔特（牙买加）2009 年 8 月

第三课　跳

高尚的娱乐，对人生是宝贵的恩物。

——鹤见祐辅

应知导航

（1）掌握跳远运动的技术要领和练习方法。
（2）掌握三级跳远的技术要领和练习方法。
（3）掌握跨越式和背越式两种跳高方法。

跳高

知识探究

一、跳远

跳远，也称急行跳远，是助跑跳跃的一种方法，也是人越过障碍物的实用技能。跳远运动可以有效地发展弹跳力和速度，提升控制身体的能力。

1. 跳远技术与要领

跳远由助跑、起跳、空中姿势和落地 4 个部分组成。

助跑的任务是准备前冲力。助跑通常要跑 16~24 步。助跑的准确性十分重要。

起跳是跳远的关键环节。起跳时用全脚掌踏板，躯干成正直姿势，身体迅速前移，并

迅速充分地伸展起跳腿，摆动腿大腿约与跑道平行，两臂用力上摆。

跳远的空中姿势有蹲踞式（见图3-7）、挺身式（见图3-8）和走步式（见图3-9），但起跳动作是基本相同的。

在3种空中姿势中"蹲踞式"比较简单，适合中职学生学习。它的技术要点是：起跳进入腾空步后，摆动腿大腿继续高抬，躯干正直，两臂向前上方摆动，随后起跳腿向摆动腿靠拢，成蹲踞姿势。落地动作要点是：小腿前伸，两臂向体后摆动。脚接触沙面后屈膝，上体前倾，也可以采用落地侧倒的方法。

图3-7

图3-8

图3-9

2. 跳远的基本练习（见图3-10）

二、三级跳远

三级跳远（见图3-11）是一种连续跳远的项目。它潇洒、飘逸，可以充分展示运动者的矫健，可以有效地提升人的协调性。三级跳远技术由助跑起跳、单足跳、跨步跳和第3跳4个部分组成。

1. 三级跳远的技术与要领

三级跳远的助跑与跳远的助跑基本相同，一般跑16～24步。与跳远助跑的不同点是：助跑倒数第2步重心几乎不下降；最后几步长度没有明显变化。

图 3-10

图 3-11

　　第 1 跳（单足跳）是有力腿起跳，在空中做交换腿动作，有力腿落地。要点是尽量保持水平速度，起跳蹬地角约为 60 度，身体重心轨迹长而平。

　　第 2 跳（跨步跳）仍是有力腿起跳，在空中成腾空步姿势，落地之前顺势高抬大腿，做趴地式落地动作。

　　第 3 跳是无力腿起跳，应尽量利用剩余的水平速度，并增加垂直速度，争取远度。蹬地角一般为 62 度~70 度，起跳时两臂积极上摆，空中动作多采用蹲踞式。

　　2. 三级跳远的基本练习（见图 3-12）

三、跳高

　　至今出现过的主要跳高动作有跨越式、剪式、俯卧式、背越式等。由于技术的合理性，现在在高水平的比赛中，跨越式、剪式已见不到了，俯卧式也越来越少见，人们多采用背越式跳高动作。考虑到中职学生还会经常用到跨越式跳高的技术，这里主要介绍跨越式和背越式两种跳高技术。

　　1. 跨越式跳高

　　跳高技术由助跑、起跳、过杆和落地 4 个部分组成，图 3-13 为跨越式跳高的技术过程。

图 3-12

图 3-13

（1）助跑。

助跑是在摆动腿一侧助跑，一般要跑 6~8 步。助跑路线与横杆的角度为 30 度~45 度，助跑的开始三四步要轻松、富有弹性，随后逐渐加速，上体微前倾，助跑几步后重心稍低。

（2）起跳。

起跳点与横杆投影的距离为 60~80 厘米，起跳时脚跟着地并迅速过渡到全脚掌，起跳腿迅速有力地起跳，踝、膝、髋充分蹬直，高抬摆动腿并积极前送小腿，身体重心迅速前移。

（3）过杆。

当摆动腿摆过横杆高度时，身体前倾，脚尖内转下压，起跳腿积极高抬，身体沿纵轴向起跳方向旋转，使上体和臀部迅速过杆。

（4）落地。

起跳腿随摆动腿的下压而抬高绕过横杆后，摆动腿缓冲落地。

2. 背越式跳高

图 3-14 为背越式跳高的技术过程。

（1）助跑。

背越式跳高助跑一般为8~12步，其中后4~6步助跑为弧线助跑。助跑前几步，步幅要开阔并有弹性。当转入弧线助跑时，整个身体向内倾斜。倒数第2步时开始准备起跳，倒数第2步是助跑中最大的一步。最后一步时，起跳腿迅速踏向起跳点，髋部超前于上体，肩轴与髋轴呈交叉扭紧姿势。

图 3-14

（2）起跳。

起跳脚由脚跟外侧先着地，柔和地过渡到全脚掌着地。此时，身体应向内倾斜。起跳时，摆动腿屈膝上摆，起跳腿迅速伸展，两臂上摆，躯干向上伸展。当起跳结束时，身体应与地面垂直。

（3）过杆。

起跳完成后，身体成伸展姿势向上腾起，然后呈背对横杆的姿势。当头过杆后，仰头、侧肩、挺髋、屈膝，呈拱形依次过杆，髋部过杆后，含胸收腹，上甩小腿过杆。

（4）落垫。

保持屈髋姿势，用背部落在海绵垫上。

知识链接

常做跳跃运动的好处：研究发现，在各项体育锻炼中，跳跃运动是预防骨质疏松的最佳方法之一。科学研究人员认为，人在进行跳跃运动时不仅全身血液循环速度加快，而且落地时的冲击力更可激发骨质的形成。为此，研究人员提出，妇女在绝经期之前，尤其在49岁以后应多进行跳跃运动，而老年人也应适时进行此项锻炼。

第四课　投掷

不管进行什么锻炼，都要坚持，这样，才可见成效。

——赵毅敏

应知导航

（1）了解投掷运动主要包括的项目。

（2）掌握推铅球的技术要领和练习方法。

知识探究

田径运动中的投掷项目主要有推铅球、掷铁饼、掷标枪等，都是以投掷远度决定成绩的。由于这些项目都比较远离我们的生活和运动实践，故在此主要作为竞技运动的知识进行介绍，一些相关练习可以作为增强投掷能力和提升力量的方法来进行学习。

知识链接

投掷运动的特点与健身价值

投掷运动是以力量素质为主的体能类运动，利用肌肉的爆发力将器械投掷出去。它对神经系统活动过程的灵活性、均衡性及前庭器官机能稳定性要求较高，对心肺功能要求和影响较小，对肌肉力量要求较高。其能量来源于无氧代谢供能。

一、推铅球

1. 推铅球技术与要领

（1）侧向滑步推铅球（见图3-15）。

图 3-15

（2）背向滑步推铅球（见图 3-16）。

低重心移动

以右腿为轴　　　　　右腿用力蹬地　　　　身体转动的顺序：膝→腰→肩

肩与臂前顶

图 3-16

2. 推铅球的各种练习（见图 3-17）

图 3-17

二、掷标枪动作（见图 3-18）

肩上持枪

手心向上　　从高点掷枪

投掷角度
28度~34度

图 3-18

三、掷铁饼动作（见图3-19）

手臂后掷　　用力挥臂

快速转动

下半身旋转

图3-19

拓展阅读

田径健身运动锻炼的注意事项

田径健身运动是学校课外体育锻炼的主要内容。学校在组织学生参加田径健身运动锻炼时应注意如下事项。

1. 做好宣传发动工作

要把田径健身运动锻炼和《国家学生体质健康标准》结合起来，做好田径健身运动的宣传、发动和组织落实工作，使广大学生积极自觉地参加课外体育锻炼。还可以组织学生运动队、体育社团和课外体育锻炼小组，并把锻炼时间落实和固定到每周课表之中。

2. 遵循身体锻炼原则，科学地进行锻炼

身体锻炼原则是人们在长期体育锻炼实践中总结出来的带有普遍指导意义的经验和准则，是体育锻炼客观规律的反映。因此，在田径健身运动锻炼中必须贯彻好身体锻炼原则。这些原则是适量性原则、渐进性原则、全面性原则、反复性原则和个别性原则等。在指导学生参加田径健身运动的锻炼过程中，一定要结合田径运动项目的特点，认真贯彻这些原则，使学生收到好的锻炼效果。

3. 田径健身运动项目的多样性和灵活性

田径健身运动项目不能完全等同于田径竞技运动项目，田径竞技运动项目对身体素质和专项技术要求较高，练习比较枯燥，与青少年身体、心理发展水平不相适应。选择项目和内容不当，会影响学生进行田径健身运动锻炼的积极性和锻炼效果。根据田径健身运动的分类方法，可以从走、跑、跳、投4类基本运动方式入手，对传统田径竞技项目进行游戏化、生活化、趣味化的改造，开发出适合青少年身心发展水平的多种多样的田径健身练习方法和手段，激发学生参加田径健身运动锻炼的兴趣，提高他们进行田径健身运动锻炼的积极性。

4. 要做好田径健身运动锻炼的准备活动

由于人体各器官机能都有一定的生理惰性，因此，在参加田径健身运动锻炼前必须做好准备活动，以提高大脑皮层神经细胞的兴奋性，克服人体机能惰性，协调各器官系统的工作，为参加较为剧烈的田径健身锻炼做好准备。

5. 锻炼与比赛、测验相结合

要把开展经常性的田径健身运动锻炼活动与组织小型、多样的田径运动竞赛和测验结合起来，这样不仅能推动经常性田径健身锻炼活动的开展，而且通过竞赛和测验，能使学生看到自己锻炼的效果，提高学生参加田径健身运动的积极性。

6. 加强安全教育，做好安全措施，预防伤害事故

田径健身运动锻炼的目的是促进健康、增强体质，如果在锻炼中发生了伤害事故，就违背了田径健身运动锻炼的根本目的。因此，在组织学生参加田径健身运动锻炼的过程中应十分注意安全。要经常检查场地、器材，发现不安全因素要及时采取措施。要教育学生遵守运动安全的卫生要求，加强自我安全保护。

7. 做好自我检查

自我检查是指体育锻炼者用生理卫生知识和医学知识对自己参加体育锻炼后的身体情况进行观察和检查。通过自我检查，了解身体对锻炼内容和运动量的适应情况，在锻炼期间身体发育、健康与肌肉变化情况，为今后参加体育锻炼提供依据。自我检查的内容主要有：参加锻炼前后和锻炼中的自我感觉、睡眠、食欲、体重、脉搏检查等。体育教师在组织学生参加田径运动的过程中，必须让学生掌握自我检查的知识和方法，让学生认真做好田径健身运动锻炼期间的自我检查，使学生在运动规律的指导下进行田径健身运动锻炼。

学以致用

(1) 田径运动的发展经历了哪 5 个阶段？
(2) 跨栏跑包括哪 3 个部分，各自的要领是什么？
(3) 跳远运动的技术与要领有哪些？
(4) 跨越式跳高和背越式跳高有什么区别？
(5) 田径运动中投掷运动的项目有哪些？

球类运动是青少年喜爱的运动项目。青少年时期是发展身体灵活性、协调性的良好时期，球类运动大量的基本动作技术及配合等技能练习，有益于发展人体的灵活性和协调性。

目前，球类运动由于其趣味性、门类广泛性，深受全世界人们的喜爱。篮球、足球、乒乓球等各类体育明星的受欢迎度不亚于好莱坞的电影明星。每场 NBA 篮球比赛和每 4 年一届的世界杯足球赛，对观看者来说，都是一场视觉盛宴。

球类篇

——碰撞中展现技能

第一课　球类运动概述

体育竞赛之最绝妙处乃由于它只在手做，不在口说。

——赫尔巴特

应知导航

（1）了解球类运动的基本知识。
（2）了解球类运动的特点。
（3）了解球类运动对健康的促进作用。

球类运动概述

知识探究

一、球类运动基本知识

球类运动是体育运动的一类，它是篮球、排球、足球、乒乓球、羽毛球等运动项目的总称。球类运动是一项综合性体育运动，要求参加者不仅要具有良好的跑、跳、投等基本运动能力，而且要熟练掌握并运用各项球类运动的专门技术和战术。

球类运动的特点主要表现在以下几个方面。

1. 趣味性

球类运动由于使用的器材"球"的特性，从而增强了球类运动的吸引力和趣味性。

2. 观赏性

高水平的球类比赛自始至终紧张激烈、高潮迭起、精彩纷呈。无论是球队整体的战略战术，还是运动员个人高超的技能和技巧都是人们关注的焦点，难怪有人说看球赛是一种艺术享受。

3. 锻炼性

生命在于运动，用科学的锻炼方法参加球类运动，既是增强体质的有效途径，又是提高身体素质的有效方法。

4. 广泛性

球类运动由于其自身特点，长期以来一直受到人们的喜爱。随着体育运动的迅速发展，体育健身观念的广泛深入，许多球类运动已发展成为世界性的体育运动，如足球，就有"世界第一运动"之称。球类运动不受年龄限制，老少皆宜，因而正逐渐成为人们生活的一部分。

二、球类运动对健康的促进作用

1. 提升骨骼的抗折、抗弯和抗压缩等方面的能力

参加球类运动，可以改善骨骼的血液循环，加强骨骼的功能和新陈代谢，使骨径增粗、骨质增厚、骨质的排列规则且整齐，随着骨骼形态结构的良好变化，从而提升骨骼的抗折、抗弯和抗压缩等方面的能力。

不同的球类运动项目，对人体各部分骨骼的影响也不同。以上肢活动为主的项目，如乒乓球，对上肢骨骼的影响较大；而以下肢活动为主的项目，如足球，对下肢骨骼的影响较大。

2. 提高关节的稳定性，增加关节的灵活性和运动幅度

参加球类运动，可以使关节周围的肌肉发达、力量增强，关节囊和韧带增厚，关节的稳固性增强。在增强关节稳固性的同时，由于关节囊、韧带和关节周围肌肉的弹性和伸展性提高，关节的运动幅度和灵活性也大大增加。

3. 增加肌肉体积，增大肌肉力量和弹性

常参加球类运动的人，其运动部位的肌肉体积明显大于平常人。肌肉弹性增大，可以避免人体在日常活动和体育锻炼中由于肌肉的剧烈收缩而造成的各种运动损伤。

知识链接

球类运动对人体呼吸系统的良好影响

1. 增加肺活量

肺活量是衡量青少年生长发育和健康水平的重要指标。参加球类运动，可使呼吸肌力量增强，胸廓扩大，有利于肺组织的生长发育和肺的扩张，使肺活量增加。

2. 提升机体利用氧的能力

一般人在进行体育活动时只能利用其最大摄氧量的60%左右，而经常参加体育锻炼，可以使这种能力大大提升。即使氧气的需要量增加，也能满足机体的需要，而不会让机体过度缺氧。

第二课 篮球

缓慢而有恒赢得竞赛。

——莱特

应知导航

(1) 了解篮球运动的发展及特点。
(2) 了解篮球运动意识的培养和基本战术。
(3) 掌握篮球运动的基本技术和练习方法。
(4) 熟悉篮球运动的比赛规则。

A 知识探究

一、篮球运动的起源、发展与特点

1. 篮球运动的起源与发展

现代篮球运动于 1891 年由美国体育教师詹姆斯·奈史密斯（James Naismith）发明。开始只是将竹篮钉在室内墙上，向竹篮投球的一种游戏，对场地大小、上场人数、比赛时间均无严格限制，且运动员动作并不规范。1936 年，第 11 届奥运会将男子篮球赛列为正式比赛项目，女子篮球赛于 1976 年在第 21 届奥运会上被列为正式比赛项目。

现代篮球运动在 1901 年传入中国，1913 年在华北运动会上被列为比赛项目。1956 年举办了全国甲、乙、丙篮球联赛，以后又被列为第 1 届全运会主要比赛项目之一。

篮球运动是一项综合性的体育项目，具有对抗性、集体性、多边性和复杂性等特点，同时具有较大的吸引力。

2. 篮球运动的特点

篮球运动是在固定场地内、双方以投篮为中心的竞赛项目，并以投中得分获得乐趣，可见篮球运动始终具有浓厚的游戏性。篮球运动不受年龄、性别和技术水平的限制，因而开展得十分广泛，成为丰富人们业余文化生活的重要内容。

篮球比赛是在攻防不断变化中进行的，运动员在场上既要不断地快速奔跑，又要能急起急停。所以，经常参加篮球运动，通过跑、跳、投的锻炼，对提高人体的协调性、灵活性和应变能力都会起到良好的作用。

篮球比赛在攻防对抗中，技术、战术变化多端，比赛经常会出现很多紧张、激烈、精彩的场面。特别是熟练而成功的战术配合，以及远投、妙传和空中扣篮等高超技艺的表现，妙趣横生、扣人心弦，给人们带来无穷的乐趣和艺术享受。

知识链接

历届奥运会男篮前三名见表4-1。

表4-1　历届奥运会男篮前三名

年份	第一名	第二名	第三名
1936	美国	加拿大	墨西哥
1948	美国	法国	巴西
1952	美国	苏联	乌拉圭
1956	美国	苏联	乌拉圭
1960	美国	苏联	巴西
1964	美国	苏联	巴西
1968	美国	南斯拉夫	苏联
1972	苏联	美国	古巴
1976	美国	南斯拉夫	苏联
1980	南斯拉夫	意大利	苏联
1984	美国	西班牙	南斯拉夫
1988	苏联	南斯拉夫	美国
1992	美国	克罗地亚	立陶宛
1996	美国	南斯拉夫	立陶宛
2000	美国	法国	立陶宛
2004	阿根廷	意大利	美国
2008	美国	西班牙	阿根廷
2012	美国	西班牙	俄罗斯
2016	美国	塞尔维亚	西班牙

二、篮球运动的意识与基本战术

1. 篮球运动意识的培养

篮球运动的灵魂是篮球运动的意识，有了良好的篮球运动意识，战术配合才能得到充分体现，技术才能发挥作用。篮球运动意识主要反映在运动者对球、对人、对场地的时空认识上。篮球运动意识的发展也是有阶段性的，

篮球的意识与基本战术

从低级到高级，主要有以下几个阶段。

（1）队员在场上"扎堆"抢球的阶段。

（2）开始向纵横方向散开的阶段。

（3）利用对方空当的阶段。

（4）有意识地使对方出现空当的阶段。

因此，初学篮球的同学应该在学习篮球的同时注意培养自己的篮球运动意识，以便尽快地打好篮球比赛。

2. 篮球运动的基本战术

（1）进攻战术。

进攻战术又分基础战术和全队进攻战术。

①基础战术。这是两三人配合的技术，常用的基础战术有以下几种。

· 传切配合。外围队员之间利用传球和切入技术组成的简单配合，突然起动，切至篮下，接同伴回传球投篮，如图4-1（a）所示。

· 突破分球。当持球队员运球突破上篮受阻，立即将球传给同伴，如图4-1（b）所示。

· 二攻一配合。两人拉开距离，传球推进，在接近防守球员时，一侧队员运球向篮下推进，如防守队员不积极上前堵截，则加速运球突破对手到篮下投篮；如防守队员上前堵截，则将球传给同伴，让同伴完成篮下投篮。

(a)传切配合　　　　　　　　　　　　　　(b)突破分球

图4-1

②全队进攻战术。其又分快攻和阵地进攻两种形式。

· 快攻。在抢到后场篮板球、断球、掷界外球和跳球时，迅速短传或长传给前场同伴，造成以多打少的局面。

· 阵地进攻。主要战术队形有"1-3-1"和"2-1-2"。

（2）防守战术。

同样分为基础战术和全队防守战术。

基础战术为一人和两人配合防守战术，常用的有以下几种。

①盯人与交换盯人。在防守对手时，用挤过、穿过等方式紧盯住对手。在对方掩护时，

为瓦解对方掩护而互换对手盯人。

②协防与夹击。主要用于防守篮下有威胁的对手，一般是附近外线同伴缩回，形成二防一。

③一防二。防守者应站在进攻两者之间，向持球队员做抢、截球假动作，逼对方失误，如已接近球篮，要果断封锁投篮路线。

全队防守战术，其常用的基本防守战术有半场人盯人和半场"2-1-2"联防。

三、篮球运动的基本技术

篮球运动的基本技术是篮球战术的基础，主要包括传接球、投篮、运球、突破、防守等技术动作。

1. 传接球技术

传接球是进攻队员有目的地转移球和进行战术配合的必要手段。最基本的传接球技术有以下几种。

（1）原地双手胸前传接球（见图4-2）。

技术要领：双手持球于胸前（两臂不要外张），手指自然分开，握在球的两侧偏后，两腿屈膝前后（左右）开立；传球时，两脚蹬地重心前移，两臂前伸，手腕向上翻转，利用拇指下压，中、食指拨球将球传出。

图 4-2

接球时，两臂前伸迎球，手指自然分开，两拇指呈"八"字形，两手呈半球形。当手触球后，两臂后引缓冲，持球在胸前（接球动作顺序与传球动作图示相反）。

（2）单手肩上传接球（见图4-3）。

技术要领：右手传球时，左脚向前迈出，身体右转重心后移，同时把球引至右肩侧上方，手指分开，手腕后仰托球下部；传球时右脚蹬地转体，右臂前挥，手腕前屈，用拨指力量将球传出；接球时，手臂伸向来球方向，掌心微凹正对来球，当手触球后顺势后引，翻腕，双手持球于腰腹前。

（3）其他传球（见图4-4和图4-5）。

（4）其他接球（见图4-6）。

图 4-3

双手头上传球	体侧传球	双手反弹传球

图 4-4

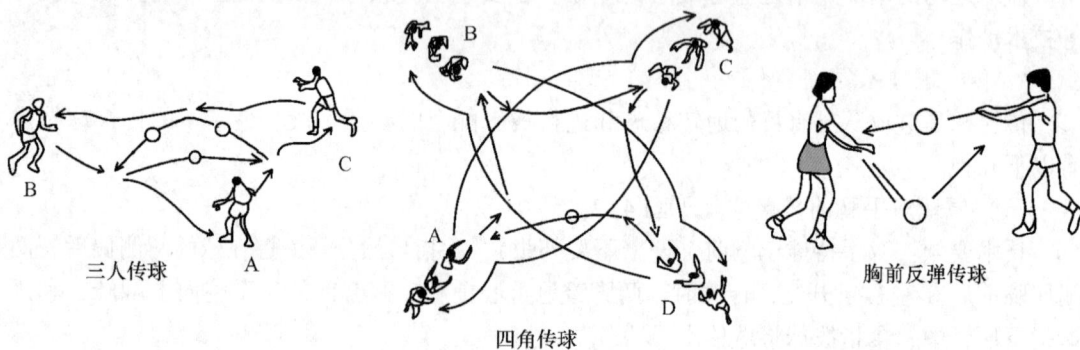

三人传球

四角传球

胸前反弹传球

图 4-5

向内线接球	
向外线接球	
跳起转身接球	

图 4-6

（5）传接球的练习方法。

①两人一球，相距5米相对站立，做原地双手胸前传接球、反弹传接球和肩上单手传接球。

②两人一球，相距6米相对站立，做移动中接球急停，接球后做持球前、后转身传球。

③分成两组，相距8米成两列纵队相对站立，用一球在迎面跑动中传接球。

④分成两组，做两人行进间传接球，往返做。

2. 投篮技术

投篮是篮球比赛取胜的直接手段。投篮方法很多，最基本的有以下几种。

（1）原地双手投篮（见图4-7）。

技术要领：两脚左右或前后分开，手指自然分开，拇指呈"八"字形，手心空出，双眼瞄准投篮点（正面瞄篮圈前沿正中）；投篮时，两脚蹬地，用腰腹伸展力量向上方抬肘伸臂，手腕前屈，最后用食指、中指的指端拨球，使球以适当弧度向后旋投出。

图 4-7

（2）原地单手肩上投篮（见图4-8）。

技术要领：持球手五指自然分开，用指根以上部位托住球的下方并置于肩上，另一手扶球内侧；投篮时，两脚蹬的同时向前抬肘伸臂，手腕前屈，用力拨球使球后旋投出。

图 4-8

（3）行进间投篮技术（见图4-9）。

①运球接跳起单手肩上投篮

技术要领：持球方法和原地单手投篮相同，只是两手持球上举同时，两脚用力蹬地，身体垂直向上跳起，当腾空至最高点时，扶球手离开；持球手迅速向前上方伸臂，用手腕和手指力量将球投出，落地时要屈膝

②运球接单手低手投篮

技术要领：（以右手投篮为例）右脚向前跨一大步，右脚迈出的同时接球，左脚跨出第2步时用力蹬地向前上起跳，右腕自然上提；腾空到最高点时，五指自然张开，掌心向上，托住球的下部，右臂向前充分伸展；接近球篮框时，通过手腕上挑和手指的拨动，使球向前旋转进入球篮

③接传球后跳起单手肩上投篮

技术要领：右手投篮时，右脚向前跨一大步同时接球，接着左脚跨出第2步，用脚跟先着地，然后用前脚掌蹬离地面，随着球的上举用左手护球过肩，当身体腾空至最高点时，左手离球，右手向上伸臂，手腕前屈，以食指、中指拨球投出

图 4-9

④接球后单手低手投篮

技术要领：右脚跨大步接球，第2步较小，并向前上方跳起，持球在胸前；投篮时，右手要充分向球篮举球，用手腕上挑，使球从食指和中指指端出手前旋入篮

图4-9（续）

（4）投篮的练习方法。

①分成三组，排成纵队，先练习原地单、双手投篮，然后做跳起单手肩上投篮。

②分成两组，各在半场内，把球传给罚球线上队员，做上步急停接球，然后跳投。

③分成两组，各在半场内站立，在罚球线端站1人（面向边线）单手托球，依次跑上前跨右脚上步拿球做行进间肩上投篮。然后再做传接球行进间低手上篮。

④全场传接球上篮，中圈站两人传球，依次进行。

⑤各种角度的运球投篮练习。

3. 运球技术

运球是个人进攻的手段，也是组织进攻的桥梁。运球方法较多，常用的有以下几种。

（1）原地运球（见图4-10）。

技术要领：运球时手臂配合手腕、手指的力量，用手指的力量将球迅速拍起，手指要柔和有力。

图4-10

（2）直线运球（见图4-11）。

技术要领：运球时上体前倾，用手指根以上部位拍按球的后上方，使球落在脚外侧前，跑动步幅和球反弹的节奏协调一致；要改变运球的高低和快慢，主要是依靠控制球的反弹高度、拍按球的力量和变动拍按球的部位。

图 4-11

（3）变向换手运球（见图 4-12）。

技术要领：如用右手向对方右侧运球，就用右手拍按球的右上部，使球从自己右侧转向左侧，同时右脚向左前方跨出，上体左转，用右肩挡住对方，然后用左手运球，左腿迅速跨出，从对方右侧运球过人

图 4-12

（4）运球的练习方法。

①每人一球，原地做高运球、低运球和体前换手运球。

②分成两组，做全场直线往返运球。待基本掌握，可进行运球比赛。

③换手运球，在半场内绕 3 分投篮线运球，依次轮换做，绕圆弧时需用外侧运球。

④折线变向运球。分成两组依次做折线往返运球，运球到每一折点时，应做急停急起变向运球。

⑤分成 2~4 组，各在半场内做运球后上篮比赛（见图 4-13）。从底线运球至中线再返回运球上篮。如球未投中，直至补篮投中为止，才能将球传给下一个队员，以先完成者为胜。

运球后上篮

图 4-13

4. 持球突破技术

持球突破是持球队员用脚步动作和运球技术超越对手的方法。常用的方法有以下两种。

（1）同侧步突破。

技术要领：接球急停时，如向右突破，则以左脚为中枢脚，并用前脚掌内侧蹬地，右脚向右前方跨出一步，同时上体右转，左肩前压，重心前移，在右脚落地前，右手在右脚侧前运球。右脚落地后，接着左脚向前跨出一步超越对手（见图4-14）。向左突破动作相同，方向相反。

图4-14

（2）交叉步突破。

技术要领：向右突破时，以右脚为轴，用左脚前脚掌内侧蹬地，向右移重心，左脚向右方跨一大步贴近对手，同时上体右转，左肩前压，右手在右前方运球，然后右脚蹬地，快速上步超越对手（见图4-15）。向左突破动作相同，方向相反。

图4-15

（3）持球突破的练习方法。

①两人一球，相距1米左右相对站立，做原地同侧步或交叉步持续突破动作练习。

②分成两组，分别在两个半场进行练习，将球传给站在罚球线上的队员，立即快速跑动上前接球急停后，做突破上篮。

5. 防守技术

（1）防守的步伐（见图4-16）。

基本姿势　　　　横跨步　　　　　　　交叉步

图4-16

（2）防持球队员。

①重点防突破。一般采用两脚左、右开立，两手伸出上、下摇摆，重心下降，与持球人保持一步半距离，根据对手脚步移动采用左、右滑步或后撤步堵截突破，见图4-17（a）。

②重点防投篮。采用两脚前后开立，重心下降，前脚同侧手臂前伸并上下摆动，用前后滑步阻挠投篮，见图4-17（b）。

(a)   (b)

图4-17

（3）防无球队员（见图4-18）。

应站在对手和球之间并偏向有球一侧，随球的转移而不断移动防守位置。当球离防守人较近时，可采用面向人、侧向球的站法；球离防守人较远时，可采用面向球、侧向人的站法，做到人球兼顾，以便伺机抢断球。

图4-18

（4）防守的练习方法。

①成2~4步列横队，间隔1米散开，看教师手势和听信号做左、右滑步和前后滑步练习。

②两人一组，先做一对一攻防徒手练习，然后一人做运球进攻，另一人防守，攻防变换进行。

③半场三对三或四对四盯人防守。

四、篮球的比赛规则

1. 场地规格

篮球场长 28 米，宽 15 米。篮板横宽 1.80 米，竖高 1.05 米，篮板下沿离地 2.90 米，篮圈离地 3.05 米。

2. 运动员和裁判员

每队由 10 名运动员组成（最多 12 人）。比赛时，每队必须有 5 名队员上场，不足 5 人不能开赛。每场比赛有一名主裁判员、两名副裁判员和场外计时、记录工作人员。

3. 比赛时间

比赛时间分 3 种：①上下半时制，每半时 20 分钟，中间休息 10 分钟或 15 分钟，到终场得分相等时，打决胜期 5 分钟，直至决出胜负；②四节制，每节 10 分钟，1、2 节和 3、4 节之间休息 2 分钟，2、3 节之间休息 10 分钟或 15 分钟；③四节制，每节 12 分钟，1、2 节和 3、4 节之间休息 2 分钟，2、3 节之间休息 10 分钟或 15 分钟。

4. 暂停和替换

（1）暂停：凡场上处于死球时双方可请求暂停；如在教练员请求暂停后，对方投中可暂停；每半时可暂停 2 次，决胜期可暂停 1 次，每次暂停时间 1 分钟。

（2）替换：场上出现犯规、角球、队员受伤中断比赛时，双方可替换队员；违例后只能由掷界外球的队先要求换人，对方才能替换；换罚球队员时，等最末一次罚中才能替换；跳球队员不能替换。

5. 犯规与不正当行为（见表 4-2）

表 4-2 篮球比赛犯规与不正当行为

类　　别	犯规与不正当行为	罚　　规
侵人犯规	·队员身体各部位出现不正常动作，造成阻挠、撞绊、打拉等身体接触 ·其他危险或粗野动作	·登记犯规 1 次 ·视场上情况，由进攻方掷界外球或执行 1 次、2 次、3 次罚球 ·如是进攻方犯规，则由守方掷界外球
故意犯规	·队员蓄意对持球或无球队员进行身体接触 ·攻防两队员同时发生身体接触而造成犯规	·登记犯规 1 次 ·由对方罚球 2 次，并在边线中点掷界外球 ·如对方投篮队员犯规，应视投篮情况（投中与否）判 1 次、2 次或 3 次罚球 ·各登记 1 次犯规 ·在场上就近圈内跳球
技术犯规	·比赛进行中，场内外队员和教练员及随从人员有不礼貌言行和不正当行为而影响比赛进行 ·在比赛休息时间内，场内外队员、教练员有不道德行为	·应登记运动员或教练员 1 次犯规 ·罚球 2 次 ·比赛进行中，场外人员技术犯规，除罚球 2 次外，由对方在边线中点掷界外球

NBA 联赛简介

NBA 联赛是由美国全国篮球协会（National Basketball Association，简称 NBA）创办的比赛，其比赛的激烈程度和水平之高，被全世界的人认可。

1896 年，美国第一个篮球组织全国篮球联盟（The men's National Basketball League，简称 NBL）成立，但当时篮球规则还不完善，组织机构也不健全，一名队员在一个赛季中常常可以代表几个队参赛，因此经过几个赛季后，该组织就名存实亡了。

1946 年 4 月 6 日，由美国波士顿花园体育场老板沃尔特·阿·布朗发起成立了美国篮球协会（Basketball Association of America，简称 BAA），布朗首次提出了后来成为现代职业篮球两大基石的高薪制和合同制。

高薪制是指职业篮球比赛必须有雄厚的财政支援，这样才能使比赛保持在高水平上，吸引观众，求得生存。合同制是指一名选手只能与一家俱乐部签订合同，并设立选手储备制，以防球员突然离队时俱乐部受到损失。

1949 年，在布朗的努力下，美国两大篮球组织 BAA 和 NBL 合并为 NBA。布朗也成为后来著名的波士顿凯尔特人队的创始人。NBA 成立时拥有 17 支球队，分成 3 个赛区比赛，来自 NBL 的明尼阿波利斯湖人队依靠身高 2.08 米的美国第 1 中锋乔治·迈肯的帮助获得了 NBA 第一个赛季的冠军。

从 1954—1955 赛季起，NBA 经自然淘汰只剩下东部联盟和西部联盟两大赛区。其中，东部联盟又分大西洋区、中区；西部联盟又分中西区、太平洋区。

1952 年，NBA 为了限制第一中锋迈肯的得分能力，将篮下 3 秒禁区宽度由原来的 6 米扩大到 12 米。到了 20 世纪 60 年代，由于另一位超级中锋张伯伦的出现，NBA 又将禁区宽度扩大到 16 米。

由于 NBA 的球队在比分领先时常采用拖延战术，使比赛不能吸引观众，因此从 1954—1955 赛季起，NBA 开始实行 24 秒制，即每队每次进攻不得超过 24 秒。

1973 年，美国哥伦比亚广播公司以 2700 万美元买下 NBA 比赛 3 年的播映权，从而使 NBA 比赛首次走上电视，但由于当时还不具备实况转播的条件，所以只能播放录像。

1967 年，一个新的篮球组织美国篮球协会（America Basketball Association，简称 ABA）宣告成立，乔治·迈肯任第一位主席。ABA 采用红、白、蓝 3 色篮球，并实行远投 3 分制，每年还举办扣篮大赛，当时这些新的项目在 NBA 是不允许的。但由于经营不善，ABA 于 1976 年被美国 NBA 吞并，从此，NBA 垄断了美国篮球业。

1979 年起，NBA 开始实行 3 分远投制。

为避免各队的实力悬殊太大，NBA 建立了每年一度的新秀选拔制度，将当年毕业的大学生选手按水平高低排出名次，然后由各俱乐部按当年联赛的最后排名依次挑选，排名靠后者先选，每轮各队只能选择一名，这样就保证了实力最弱的球队能得到水平最高的新秀，选到新星的弱队在新赛季中往往会脱胎换骨。

　　为避免经济实力强的球队用高薪垄断明星球员，NBA 规定了每支球队的工资总额限制。如用高薪签下一名明星球员，则无力签到其他优秀球员。这一制度保证了最好的球员平均分布在各个球队，使各队实力十分接近。

　　如果说高薪制和合同制是 NBA 的两大基石，那么新秀选拔制和薪金限额制则确保了 NBA 比赛的激烈和精彩，比赛的不可预测性将众多的美国球迷吸引到篮球场。

　　NBA 联赛还实行转会制度，不得买卖 NBA 球员，只能以人换人。从赛季开始到第 16 个星期四晚 9 时止，球队可自由交换球员。此后直到常规赛季结束，各队人员全部"冻结"，NBA 转会是连人带合同一起交换。

　　1995—1996 赛季中，NBA 球队首次扩大到美国以外的地方，共有两支加拿大球队——多伦多猛龙队和温哥华灰熊队加入 NBA 赛场。

第三课　排球

各种娱乐的高下优劣，最能显示那个人的高下优劣。

——麦肯

应知导航

（1）了解排球运动的发展及特点。
（2）掌握排球运动的基本技术和练习方法。
（3）熟悉排球运动的比赛规则。

知识探究

一、排球运动的起源、发展和特点

1. 排球运动的起源和发展

　　排球运动始于 1895 年，是由美国人威廉·摩根所创造的"空中飞球"不断演变而成的，后来传入欧洲才逐渐发展成竞赛项目。"排球"一词是中国人所起，排球传入中国后，当时中国的比赛是每队 16 人，分站 4 排，故称之为"排球"，以后又改为 9 人制。直到 20

世纪 50 年代初才改成 6 人制，同时制定了规则。随着排球运动的发展，1947 年国际排球联合会（简称国际排联）成立后，开始举办世界男、女排球锦标赛，1964 年排球被列为奥运会比赛项目，从 1956 年起每 4 年举办一次世界杯排球赛。

2. 我国排球运动

排球运动于 1905 年传入我国。1911 年在上海举办了第 1 次排球表演赛，1914 年在全国运动会上把男子排球列为正式项目。在 1915 年第 2 届远东运动会上，中国男排首获冠军。到 1934 年，举办过的 10 届远东运动会中，中国共获 5 次冠军。1950 年，我国把 9 人制排球改为 6 人制，并在全国举办训练班，进行大力推广和普及。1956 年，全国实行甲、乙、丙分级联赛，随后，又将排球列为第 1 届全运会比赛项目。在 20 世纪 70 年代，我国排球运动技术水平无论在进攻战术还是在拦网技术上都形成了自己的风格，在 1977 年世界杯赛上，取得女子第 4 名、男子第 5 名的好成绩。中国女排在 1979 年亚洲排球锦标赛上，战胜了号称"东洋魔女"的日本队，首次成为亚洲冠军。1981 年，中国女排在世界杯赛中首获冠军，随后又连续在两届世界排球锦标赛、第 23 届奥运会和 1985 年世界杯赛上 4 次夺魁，成为世界排球史上第一支"五连冠"的女排队伍。2003 年年底，中国女排以 11 战不败的战绩获得世界杯冠军。2004 年 8 月，中国女排又以顽强拼搏的精神拿到了雅典奥运会上高含金量的一枚奥运会金牌。2019 年 9 月，中国女排以 10 胜 1 负的战绩力夺世界杯冠军。

3. 排球运动的特点

排球运动场地较小，设备简易，运动量可大可小，既可以比赛，也可以在空地上进行传、垫球，作为一般娱乐性或游戏性活动。排球运动不分年龄、性别，不同技术水平的人均可参加，很受人们喜爱。

排球比赛是两队在隔网条件下展开的竞赛，攻防队员之间一般没有直接的身体接触。击球的路线、落点变化，把球击过网并造成对方失误，以及攻防不断变换，使排球运动具有很大的趣味性。

排球比赛是在激烈对抗中进行的，要求场上队员反应快、判断准确、移动快速、起跳及时。同时，比赛中运动员在每个位置上都应具有能攻善守、独当一面的技能。要求有全面的排球技能，排球还离不开集体的密切配合，具有很强的集体性。

经常参加排球运动能够使人的身体素质、心理素质受到很好的锻炼，对培养积极、主动、勇猛、顽强的作风有着良好作用。

二、排球运动的基本技术与练习

排球运动基本技术是排球运动的基础，由发球、垫球、传球、扣球、拦网和移动等基本技术组成。

排球运动的基本技术与练习

1. 发球

发球既可直接得分，又能破坏对方的战术配合。发球方法较多，最基本的有以下几种。

（1）正面下手发球（以右手发球为例）。

身体面对球网，两脚前后开立，两膝微屈，上体稍前倾，左手持球于腹前。发球时，将球在右肩前向上抛 20~30 厘米高，同时右臂伸直后摆。击球时，以肩为轴由后向前挥臂，在

腰腹右侧，用全掌或掌根击球的后下部。同时右脚蹬地，重心随着前移，见图4-19（a）。

（2）侧面下手发球（以右手发球为例）。

准备姿势基本同正面下手发球。发球时，将球在身前正前方上抛约30厘米高，离身体一臂远，同时右臂摆至侧下方。击球时，右脚蹬地左转，带动右臂前摆用手掌或虎口击球后下部，重心移至左脚，面向球网，见图4-19（b）。

(a) 正面下手发球　　　　　　　　　　(b) 侧面下手发球

图4-19

（3）正面上手发球（以右手发球为例）。

身体面对球网，两脚前后开立，右手发球时，左脚在前，左手持球于胸前。发球时，将球向右肩前上方抛至高于击球点30厘米处，同时右臂伸肘向后上方举起，挺胸展腹，上体稍右转，当球下落约一臂高度时，利用蹬地转体和收腹动作带动右臂向前挥动，用手掌击球后半部，见图4-20。

图4-20

（4）发球的练习方法（见图4-21）。

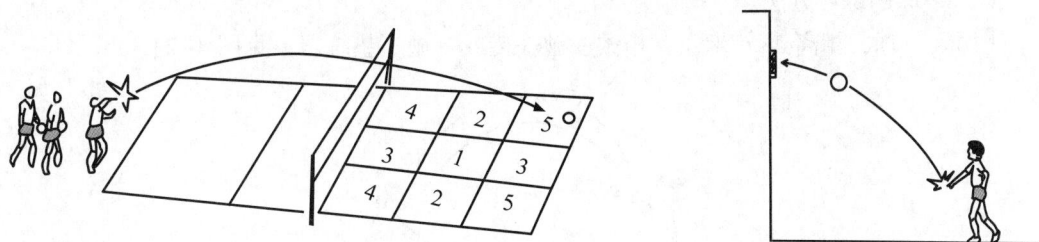

图4-21

①两人一球，相距10米对面站立，互相发球。先练习正面或侧面下手发球，再练习正面上手发球。

②分成 2~4 组，相距 6~12 米成纵队隔网相对站立，练习正面、侧面下手发球和正面上手发球。

③分成两组做接发球练习。一组依次发球，另一组在场内接发球。两组交替进行。

④分两组站立，进行发球比赛。两组同时对发球，在规定轮次中，以发球成功次数多者为胜。

2. 垫球

垫球是排球最基本的技术之一，也是初学者首先应该学好的技术。

（1）正面双手垫球。

垫球时双臂伸直夹紧插入球的下部，用小臂形成的平面触球，并利用蹬地、抬肩和身体协调动作将球垫起，见图 4-22。

（2）体侧垫球。

左肩微向下倾斜，用两臂在右后方向前截住球，用两前臂击球后下部将球垫出，见图 4-23（a）。

（3）跨步垫球。

当来球部位低、离人远时，要看准来球，及时向前或向侧跨一大步，两臂前伸，用前臂击球后下部。要做到"一插快，二夹紧，三抬臂"，见图 4-23（b）。

图 4-22

图 4-23

（4）垫球的练习方法。

①两人一球，相离 4~6 米，互相做一抛一传或一抛一垫练习，见图 4-24。

图 4-24

②两人一球，相距6米，做前后、左右方向移动传球和垫球练习。

③分成2~4组，站成圆圈，做传、垫球比赛。在规定时间内，以落地次数少为胜。

④分成2~4组，在进攻线上成纵队站立，做过网传、垫球练习。

3. 传球

传球也是排球运动中最基本的技术之一。传球种类很多，其中正面双手上手传球是最基本的，在比赛中主要用于二传。

（1）正面双手上手传球要领。

正面双手上手传球，一般用拇指、食指、中指承受球的压力，无名指和小指控制球。在触球瞬间，用伸臂、手腕和手指弹力，结合蹬地展体力量将球传出，见图4-25。

图4-25

（2）传球的练习方法（见图4-26）。

图4-26

4. 扣球

扣球在排球比赛中是重要的进攻手段。扣球种类很多，这里仅介绍最常用和比较简单的正面扣球。

（1）正面扣球技术和要领。

正面扣球技术由助跑起跳、空中击球和落地动作组成（以右手扣球为例）。

①助跑和起跳。一般以两三步助跑为主，右手扣球时，左脚自然迈出一步，接着右脚跨出一大步，同时两臂摆至后下方，重心前移，左脚迅速跟上在右脚稍前着地，两臂从体侧上摆，双脚用力蹬地向上跳起。

②击球和落地。起跳后，抬头挺胸，两臂屈肘抬起高于肩，上体向右侧扭转，右臂屈肘向头后拉开，手臂放松。击球时，迅速转体收腹，带动手臂挥动，用全掌击球后中上部，手腕快速下甩。落地时，两脚屈膝收腹，控制下落力量，见图4-27。

扣球的手形

图4-27

（2）扣球的练习方法（见图4-28）。

①两人或多人用一球，相距一定距离，做扣垫球练习。

②助跑扣球。由教师在网前向上抛球或传球，学生从进攻线开始助跑跳起扣球过网。

原地做小幅度扣球动作

两人一球，一人双手在头上举球，另一人做扣球练习

对墙扣球练习

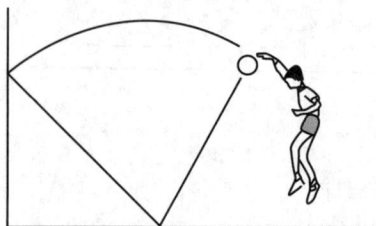

对墙轻跳起扣球练习

图4-28

5. 拦网

拦网是防守的第一道防线和得分的重要手段，也是反攻的重要环节。拦网技术动作包括准备姿势、移动起跳、空中击球和落地4个部分。

（1）准备姿势。

面对球网，两脚平行开立，与肩同宽，两膝稍屈，两手自然弯曲置于胸前。随时准备起跳或移动。

（2）移动起跳。

根据不同情况可灵活运用并步、跨步、滑步、交叉步、跑步等各种移动步法，将身体重心移动到拦网位置，移动后立即制动，使身体正对球网后起跳，或在起跳过程中在空中使身体转向球网。

（3）空中击球。

起跳后稍收腹，控制平衡。两手从额前向网上沿前上方伸直。拦网时，两手伸向对方上空，接近球，两手自然张开，屈指屈腕，用力捂盖球前上方。

（4）落地。

如已将球拦回，则可面对对方，两腿屈膝缓冲，双脚落地；如未拦到球，则在下落时，就要随球转头，并以转头方向相反的一只脚先横过来落地，随即转身面向后场。

三、排球比赛与规则简介

1. 比赛

排球比赛一般由后排1号队员在发球区发球开始，球落到对方场内，对方失误，则本方得分，并继续发球。如发球失误，则由对方取得发球权并得分。取得发球权一方应按顺时针方向依次轮转一个位置发球，比赛继续进行。

2. 站位

场上队员站位是否正确，是在发球队员击球瞬间，以场内队员脚着地的部位来确定的。每一名前排队员至少有一只脚的一部分，比同列后排队员双脚距中线更近；每一名右边或左边队员至少有一只脚的一部分，比同排中间队员的双脚距同侧边线近。待发球结束后，队员可在本场内任何一个位置上。

3. 触球和击球

每队在本场区内，最多击球3次（拦网除外），应将球击入对方场内。击球时须清晰击出，不得有捞、捧、携带等较长时间停留现象。一人不得连续两次触球，否则连击犯规（拦网除外）。

4. 界外球

（1）球的整个落点完全在场区界线以外的地面上。

（2）球触及场外物体和非比赛队员及天花板。

（3）球触及标志杆和标志杆以外部分。

（4）球的整体或部分从网区以外越过网的垂直面。

5. 过中线、网上和后排队员犯规

（1）过中线。比赛中，队员的一只脚或双脚越过中线，或脚的一部分踏过中线为犯规。

队员身体任何部位不准接触对方场区。

（2）网上犯规。比赛中，队员身体任何部位与球网接触为触网犯规（无意中触网或被动触网除外）。

（3）后排队员犯规。后排队员在比赛中，从进攻线内或踏在进攻线上，将高于球网上沿的球直接击入对方场区或跑到前排跳起拦网，均属犯规。

为吸引更多的人喜爱排球运动，国际排联成立了新闻通讯委员会，不断改革竞赛制度、规则。新规则涉及的内容很多，但实际上主要部分只有3点：一是盘局制，二是每球得分制，三是自由人规则。其中，自由人规则可以看作是排球竞赛制度改革的一个飞跃，它规定自由人可替换后排的任意一名队员，且自由人的替换次数不受限制。

第四课　足球

磨练肌胳，防病御症。

——姜子牙

应知导航

（1）了解足球运动的发展及特点。
（2）了解足球运动意识的培养和基本战术。
（3）掌握足球运动的基本技术和练习方法。
（4）熟悉足球运动的比赛规则。

知识探究

一、足球运动的起源、发展与特点

1. 足球运动的起源与发展

现代足球运动诞生在英国。1857年英国谢菲尔德成立了世界上第一个足球俱乐部——谢菲尔德足球俱乐部。1863年10月26日，英国的11个足球俱乐部在首都伦敦召开会议，成立了英国足球协会，与此同时又制定了世界上第一部统一的足球比赛规则，共有14条。从此宣告了现代足球运动的诞生。越来越多的人走向足球场，投身到这一富有刺激性和畅快感的运动中去。

1904 年 5 月 21 日，国际足球联合会（简称国际足联）在法国巴黎圣奥诺雷街 229 号正式成立，法国等 7 个国家的代表和代理人在有关文件上签了字。法国的罗伯特·格林被推选为第一任主席。国际足球联合会的创建，标志着足球作为世界性的体育运动项目登上了世界体坛。国际足联是世界足球运动的最高权力机构，总部设在瑞士苏黎世。

2. 我国足球运动

现代足球运动传入我国是在 19 世纪末至 20 世纪初，最初是由英国人带入我国香港地区，1908 年在我国香港地区成立了中国现代足球运动的第一个组织——南华足球会。1913—1934 年，我国共参加过 10 届远东运动会，获得了 8 次足球比赛的冠军。1931 年，我国加入国际足球联合会。1936 年和 1948 年我国足球队还参加了第 8 届、第 14 届奥运会的足球比赛（未取得名次）。自 1956 年起，我国开始实行甲、乙级联赛制度，并规定了升降级办法，实行了运动员、裁判员等级制。此外，还举办了全国足球锦标赛、全国青少年足球锦标赛等。1982 年和 1986 年，中国男子足球队参加了第 12 届、第 13 届世界杯足球赛的预选赛。此外，参加了第 23 届、第 24 届、第 25 届、第 26 届、第 27 届奥运会的足球预选赛，并参加了第 24 届奥运会足球决赛阶段的比赛。中国女子足球运动技术水平提高很快，率先冲出亚洲并走向世界，于 1996 年亚特兰大第 26 届奥运会上获得亚军。

3. 足球运动的特性

足球运动是在固定场地内，以双方射门为中心的竞赛项目，以进球得分为目的并获得乐趣。足球运动参加人数多，场地大，比赛时间长，在这样的条件和环境下，参加者要不停地进行快速奔跑，完成多种复杂的技术动作和战术配合，要求具备强健的体魄和良好的身体素质。

足球运动允许身体的合理冲撞，在拼抢争夺中，对抗性尤为激烈，有助于培养勇敢、顽强拼搏的精神。激烈的比赛形式又要求运动员能遵守规则和礼貌待人，因此对促进个性健康发展和形成文明的行为规范也有重要的意义。

足球比赛的胜利取决于在多变的情况下，是否能机动、灵活地运用个人技术和个人技巧。紧张的比赛有着无穷的创造性乃至艺术性，这也是足球深受广大群众喜爱的原因。

二、足球运动的意识和足球的战术

1. 足球运动意识的培养

足球运动的灵魂是足球运动的意识，有了好的意识，战术才能活起来，技术才能发挥作用。足球运动意识主要反映在运动者对球、对人、对场地的时空认识上。足球运动意识的发展也是有阶段性的，从低级到高级，主要有以下几个阶段，见图 4-29。

足球初学者应该在学习足球技能的同时注意对自己足球运动意识的培养，有时足球运动的意识比技能还要重要。

2. 足球的战术

足球的基本战术主要包括比赛阵形、进攻战术、防守战术和定位球战术等。

（1）比赛阵形。

随着足球运动技术、战术的发展，比赛阵形经过不断演变，目前主要采用的有"433"

和"442"阵形（见图4-30）。

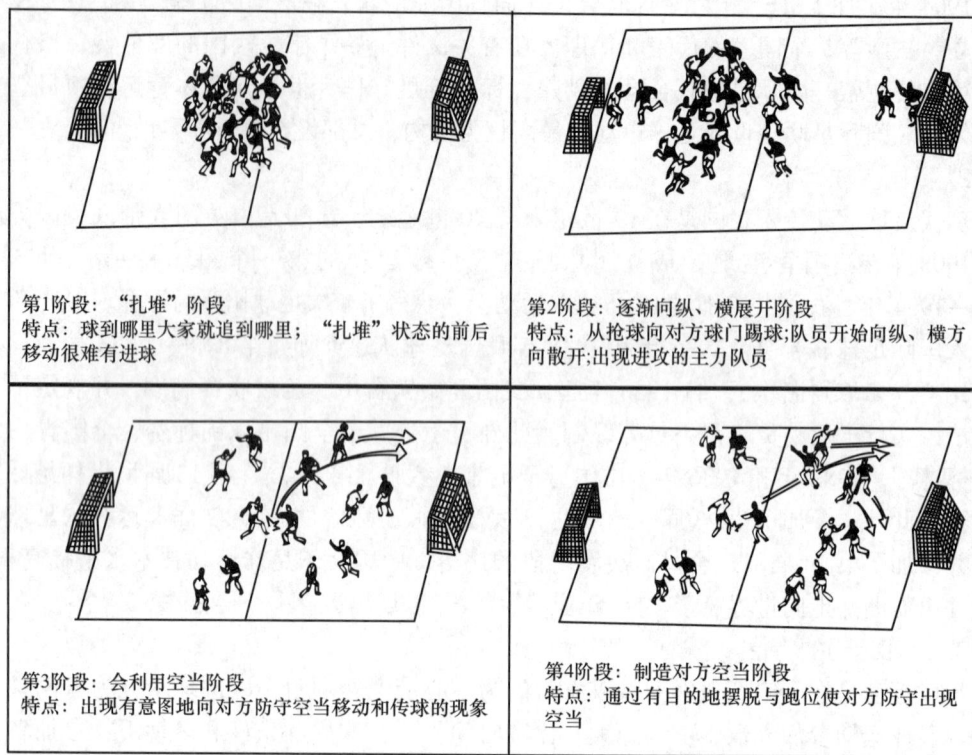

第1阶段："扎堆"阶段
特点：球到哪里大家就追到哪里；"扎堆"状态的前后移动很难有进球

第2阶段：逐渐向纵、横展开阶段
特点：从抢球向对方球门踢球；队员开始向纵、横方向散开；出现进攻的主力队员

第3阶段：会利用空当阶段
特点：出现有意图地向对方防守空当移动和传球的现象

第4阶段：制造对方空当阶段
特点：通过有目的地摆脱与跑位使对方防守出现空当

图4-29

（2）进攻战术。

①摆脱与跑位，即无球队员突然起动快速奔跑，有目的、有意识地去接应同伴或制造球场上的空当。

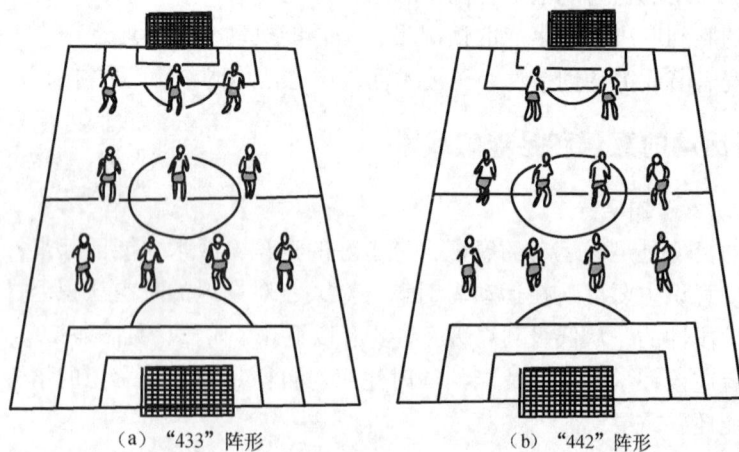

（a）"433"阵形　　　　　　　　　（b）"442"阵形

图4-30

②局部进攻战术是全队战术的基础，主要以二人、三人配合为主，常采用的二攻一的战术，如直传斜插二过一、斜传直插二过一、踢墙式二过一等，还有三攻二的战术，见图4-31。

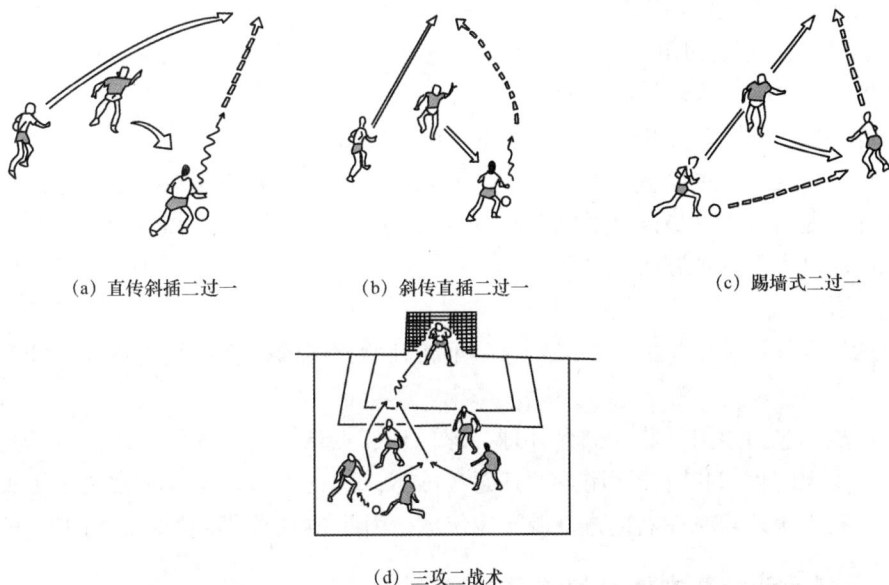

（a）直传斜插二过一　　　　（b）斜传直插二过一　　　　（c）踢墙式二过一

（d）三攻二战术

图4-31

③整体进攻战术最基本的有两种，即边路进攻和中路进攻。

· 边路进攻（见图4-32）。在对方半场两侧，主要通过边锋和交叉到边上的中锋与插上的前卫、后卫突破对方防线，达到外围传中、下底传中、切底迂回传中的目的。由中锋和另一侧包抄队员射门。

图4-32

· 中路进攻（见图4-33）。在对方半场中间地带，主要通过中锋和内切的边锋或插上的前卫突破对方的防线，以及在半场中路作长传冲吊，利用两边包抄射门。

图4-33

（3）防守战术。

防守战术又分个人防守战术和整体防守战术。

①个人防守战术，包括选位与盯人，保护与补位。

选位与盯人：在后场防守时，应选位于对方与本方球门中心构成的直线上，并紧逼有球或无球队员。

保护与补位：要及时互相弥补防守位置上出现的漏洞。

②整体防守战术，主要有盯人防守、区域防守、混合防守和制造越位战术。目前常采用混合防守（是盯人和区域防守的结合），一般采用3个后卫盯人，拖后后卫负责补位，前位和前锋区域盯人的分工方法。

（4）定位球战术。

定位球战术是指在比赛中，利用死球后重新开始比赛的机会组织进攻与防守配合的战术方法。

定位球战术包括中圈开球、掷界外球、球门球、点球、角球和任意球。特别是被世界足坛越来越重视的角球和罚球区附近的任意球战术。这是因为定位球常常决定了关键性比赛的胜负。有人统计40%左右的进球源于定位球。因此必须重视定位球战术的训练。

三、足球运动的基本技术和练习方法

有了良好的意识和战术设想，还需要熟练的足球技术。在注意培养自己足球运动意识的同时，要扎实地学好足球运动最基本的技术，即踢球、停球、带球，比较高水平的技术还有头顶球、掷界外球、铲球等，以及特殊技术，如守门员技术。在这里让我们先熟悉球性，然后重点学习一下踢球、停球和带球技术。

1. 熟悉球性的练习（见图4-34）

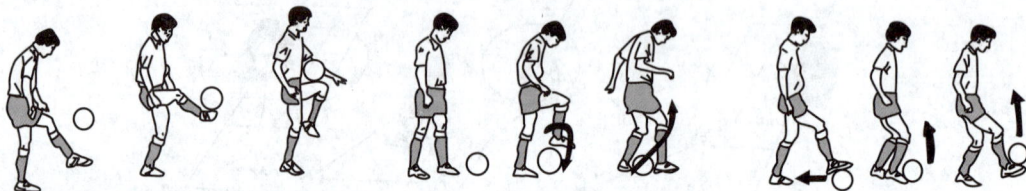

（a）颠球　　　　　（b）带球起练习一　　　　　（c）带球起练习二

图4-34

2. 几种踢球的技术

踢球用于传球和射门，最基本的有以下几种踢法。

（1）脚内侧踢球。常用于短传、踢地滚球和射门（见图4-35）。

（2）脚背正面踢球。主要用于踢定位球、反弹球（见图4-36）。

（3）脚背外侧踢球。主要用于踢定位球、角球和弧线球（见图4-37）。

（4）脚背内侧踢球。主要用于长传、角球和射门（见图4-38）。

技术要领：踢球时，直线助跑，支撑脚踏在球的侧后方，踢球脚内侧与出球方向约成90度，脚尖勾起，小腿加速摆动，脚掌与地面平行，用脚内侧击球的后中部

图4-35

技术要领：直线助跑，最后一步较大，支撑脚落在球的侧方，脚尖正对出球方向，用脚背正面击球中后部，踢高球时，击中下部

图4-36

技术要领：与脚背正面踢球方法基本相同，只是当踢球腿的膝部摆至球的正上方时，要求膝关节和脚尖内转并加速快摆，脚面要绷直

图4-37

技术要领：踢球时，斜线助跑（与击球方向成45度）；支撑脚踏在球的侧后方，脚尖指向出球方向，上体向支撑脚稍倾斜；踢球腿后摆，脚稍外转，脚面绷直，用脚背内侧击球后中部（踢高球时击中下部），踢球腿随球前摆

图4-38

3. 踢球的练习方法

（1）两人一组，一人用脚底踩球，另一人助跑上前踢球（不踢出），体会支撑脚落地选位、踢球腿的摆动与触球部位。然后两人相距8米面对站立，用一球踢定位球练习。

（2）三人一组，各相距8米站成三角形，用一球进行三角踢球练习。

（3）分成两组，在中间放上栏架，用一球两边对踢，两组进行比赛，以球从架上踢过多者为胜。

（4）分成两组，分别站在两个圈内对踢，两组进行比赛，以踢进对方圈内多者为胜。

（5）分成2~4组，站在角球处（或离球门近一点的位置），练习踢角球，或进行踢角球比赛，以踢进罚球区或球门多者为胜。

（6）分成若干组，距球门11米，接正面和侧面来球射门。

4. 几种停球的技术

停球方法较多，最基本的有脚底停球、脚内侧停球、脚外侧停球、胸部停球、大腿停球等十几种（见图4-39）。

 脚底停球	 脚内侧停球	 脚外侧停球
技术要领：支撑腿微屈，脚尖正对来球，上翘，踝关节放松，用脚前掌触球上部；停反弹球时，停球脚前掌正对球的反弹方向	技术要领：支撑脚膝关节微屈，停球腿屈膝外展前迎，当脚与球接触刹那，迅速后撤缓冲把球停在所需位置上；主要用于停地滚球	技术要领：判断好落点，支撑脚踏在落点的侧前方，脚微屈，体前倾，停球脚踝关节放松，脚内侧对准球的反弹路线并推压球的中上部
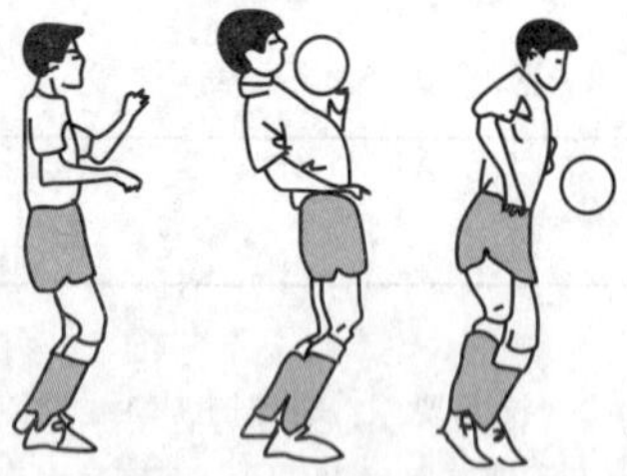 胸部停球（向上控制）	 胸部停球（向下控制）	 大腿停球
技术要领：面对来球，两脚前后开立，重心前移，上体后仰，挺胸迎球，当球与胸部接触的刹那缓冲来球，使球弹起落于身前	技术要领：身体面对来球，重心略前移，挺胸迎球，当球与胸部接触的刹那，身体侧斜，缓冲来球，使球弹起落于身前	技术要领：支撑脚膝关节微屈，停球腿屈膝迎球，当大腿与球接触刹那，后撤缓冲把球停在体前

图 4-39

5. 停球的练习方法

（1）两人一组，相距 8 米左右，一人用手抛或脚踢地滚球，另一人用脚底、脚内侧停球。

（2）两人一组，相距 8 米，一人用手抛球，另一人练习胸部停球，两人交换进行。

（3）分成两组，分别站在圈外，要求踢球者把球踢进圈内，同时停球者把球停在圈外。两组可进行比赛，以成功次数多为胜。

（4）分成两组，相距 20 米成纵队相对站立，用一球做迎面传停球练习。

6. 几种带球的技术

（1）脚内侧带球技术要领。带球时支撑腿微屈，带球腿屈膝提起，用脚内侧推拨球后中部。

（2）脚外侧带球技术要领。带球时上体前倾，步幅较小，带球脚的脚尖内转，迈步前伸着地前，用脚背外侧推拨球。常用于变向和快速直线带球。

（3）脚背正面带球技术要领。带球时，上体前倾，步幅中等，带球腿屈膝上提，脚尖向下，在着地前用脚正面推拨球。

7. 带球的练习方法（见图 4-40）

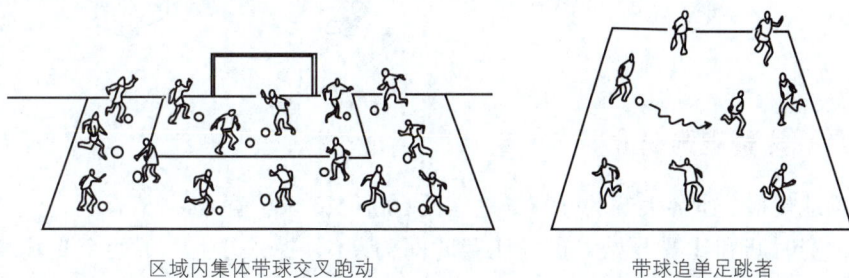

区域内集体带球交叉跑动　　　　　带球追单足跳者

图 4-40

（1）分成 2~4 组，各组一球依次做往返带球。单脚或两脚交换做。

（2）分成 2~4 组，依次先做直线带球，再绕圆圈带球。

（3）分成 2~4 组，分别在两个相连的圆圈外做"8"字形带球比赛。

（4）绕障碍物运球后射门。

知识链接

点　球

在足球比赛中，很多进球都是出人意料的，多少带有突然性、轻快性和观赏性，给人以愉悦，唯独点球会给观众造成紧张情绪。点球使足球注定具有残酷性的一面，同时，它又最能体现足球的悲情色彩。

点球有两种：赛中点球和赛点点球。赛中点球是对比赛过程中严重犯规的一方所做的惩罚，赛中点球所引起的冲突有点类似亚里士多德的悲剧冲突理论，即悲剧的产生是由人的过失造成的，毫无怨言。

而赛点点球则不然，它是比赛双方都不愿接受的一种"刑罚"，双方都无过失，却要"各挨五十大板"，且"生死"一线之间。这正如黑格尔的悲剧冲突理论，双方虽无过错，但都必须用致命的冲突来实现矛盾的和解，结局就是"永恒正义"的胜利。

8. 头顶球

头顶球方法见图4-41。

图 4-41

四、足球比赛规则简介

（1）场地规格。世界大赛的标准场地是长100~110米，宽64~75米。

（2）比赛时间和比赛开始。正式比赛时间为90分钟，分上、下两个半场（各45分钟），中场休息10分钟，每个半场损失的时间，由裁判斟酌补足。比赛是由攻方在中圈开球，球向前滚动一周开始计时。

（3）队员和替补队员。正式比赛，场上每队11人，凡不足7人不得开赛和继续比赛。队员因伤或其他原因可在场上出现死球时替换。

（4）死球和恢复比赛。球的整体全部越过边线和端线（包括在空中），以及裁判鸣哨停止比赛均为死球。这时应用掷界外球、踢球门球、角球、任意球等恢复比赛。

（5）进球。以球的位置来判定，即球的整体从球门柱间和横梁下面越过球门线外沿垂直面为进球得分，不以守门员接球时的站位为依据。

（6）越位。当进攻队员在踢球或顶球（触球）刹那，同队队员在守方半场内，所站位置处在球的前面和端线之间，而守方不足两人时则构成越位。直接接到球门球、角球、掷界外球时不判越位。

（7）主要的犯规和不正当行为（见表4-3）。

表 4-3　足球比赛主要的犯规和不正当行为

项　目	犯规和不正当行为	罚　规
直接任意球	·踢、绊、摔对方队员 ·跳向对方冲撞和蹬踏 ·有危险性的猛烈冲撞 ·用手或臂拉扯、推拦对方 ·用手或臂有意识地触球	·攻方可直接射门 ·守方在守方罚球区犯规，判攻方罚点球
间接任意球	·守门员回步，守门员用手接同伴从罚球区外回传的球 ·发定位球时，一人连踢 ·越位	·在犯规、越位点，由攻方踢间接任意球，不得直接射门
警告	·队员擅自进离场 ·队员连续违反规则 ·对裁判裁决语言冲撞	·劝告 ·警告 ·出示黄牌
罚出场	·有恶劣行为或严重、有意犯规 ·连续违反规则，不服判决 ·有言行辱骂裁判，经警告不改	·出示红牌 ·退出比赛

第五课　乒乓球

体育和运动可以增进人体的健康和人的乐观情绪，而乐观情绪却是长寿的一项必要条件。

——勒柏辛斯卡娅

应知导航

(1) 了解乒乓球运动的基本知识和特点。

(2) 掌握乒乓球运动的基本技术。

(3) 了解乒乓球运动的基本战术。

(4) 熟悉乒乓球比赛的规则。

一、乒乓球运动的基本知识和特点

1. 乒乓球运动的百年发展与中国"国球"

乒乓球运动起源于英国，是从网球运动中产生的。相传 1890 年，英国一位叫詹姆斯·吉布的越野跑运动员从美国带回了几只人造塑料做的空心玩具球，便产生了用这种小球来代替软木球和橡胶球的想法，从而这种小球取代了"桌上网球"所使用的实心球。由于空心球与球桌、球拍相击发出"乒乒乓乓"的声响，一名叫查尔斯·巴克斯特的英格兰人申请了"乒乓球"的商业专利权。

乒乓球是我国的"国球"。1988 年首尔（原称汉城）奥运会，乒乓球首次进入奥运大家庭，共设男、女单打和男、女双打 4 个单项比赛。1996 年亚特兰大奥运会，中国队包揽了 4 枚金牌。在 1999 年举行的世界乒乓球锦标赛上，中国队一举囊括了全部 5 项冠军，使我国的乒乓球运动再次腾飞。2000 年悉尼奥运会、2008 年北京奥运会、2012 年伦敦奥运会、2016 年里约奥运会中国队均获得了包揽 4 枚金牌的好成绩，以骄人、辉煌的战绩，向世人展示了乒乓球强国的风范。

2. 乒乓球运动的特点

乒乓球运动的特点是球小、速度快、变化多、落点准、趣味性强，具有较强的观赏价值。其使用的设备比较简单，不受参加者年龄、性别和身体条件限制。经常参加乒乓球运动，可以增强人的灵活性、协调性和快速反应能力，改善人体心血管系统机能和大脑神经系统机能，有利于培养人的机智、果断、沉着、冷静、进取等优秀品质。

二、乒乓球运动的基本技术

乒乓球运动的基本技术

1. 持拍方法

（1）直拍握法。

用食指第二指关节和拇指第二指关节扣拍的正面，虎口贴柄，其他 3 指弯曲贴于拍后1/3上端，如图 4-42（a）所示。

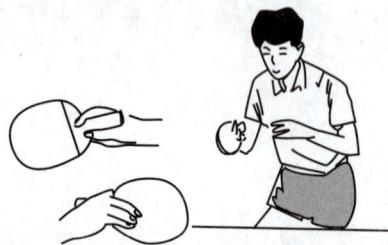

（a）直拍握法

（b）横拍握法

图 4-42

（2）横拍握法。

虎口贴拍肩，拇指紧捏拍面，食指斜伸在拍的另一面，如图 4-42（b）所示。

（3）准备姿势。

两脚平行开立约比肩宽，两膝微屈稍内扣，站在近台中间偏弱手方，持拍手自然弯曲，置于腹前。

2．基本步伐

（1）单步。

以一只脚前掌为轴，另一只脚向各个方向移动一步。

（2）侧身步。

以来球同侧脚向来球方向跨出一步，另一只脚跟着移动一步。

（3）交叉步。

以来球的异侧脚向来球一侧移动并超过另一只脚，接着另一只脚向来球一侧移动。

3．熟悉球性的练习（见图4-43）

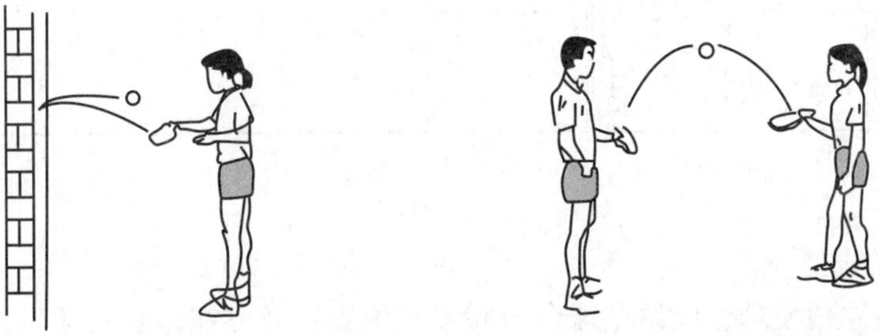

(a) 对墙击球   (b) 双人对击球

图4-43

4．发球

发球的种类较多，基本方法有正反手发平击球，正反手发左右侧上（下）旋球。正手平击发球的技术动作为：左脚在前，身体稍右转，左手掌心托球，抛球后，待球下落时前臂由后向前挥动，拍面稍前倾，击球中部。其他3种发球方法如图4-44所示。

反手平击发球

技术要领：右脚在前，球抛起后，右手持拍从身体左后方向前挥动，拍面稍前倾，击球中上部

图4-44

正手发左侧上(下)旋球 	技术要领：右手持拍向右上方引拍，球下落时，手臂迅速向左下方挥动，触球瞬间手腕向左上方转动，使球向左侧上旋；如手腕向下方转动，出球便向左侧下旋
反手发左侧上(下)旋球 	技术要领：触球瞬间手腕向右正方转动摩擦球的中部，出球向右上旋；反之，则出球向右下旋

图 4-44（续）

5. 接发球

（1）站位的选择。

对方在球台左角发球，应站在球台中间偏左位置；对方在球台右角发球，应站在球台台中间偏右位置。

（2）旋转和回球。

首先注意对方球拍运动方向，判准来球旋转性能、速度和落点回击球。一般为：接下旋球时，用搓、拉、削的方法；接上旋球时，用搓或攻的方法；接非旋转球时，用推或攻的方法。回接球的旋转和回球方法如图 4-45 所示。

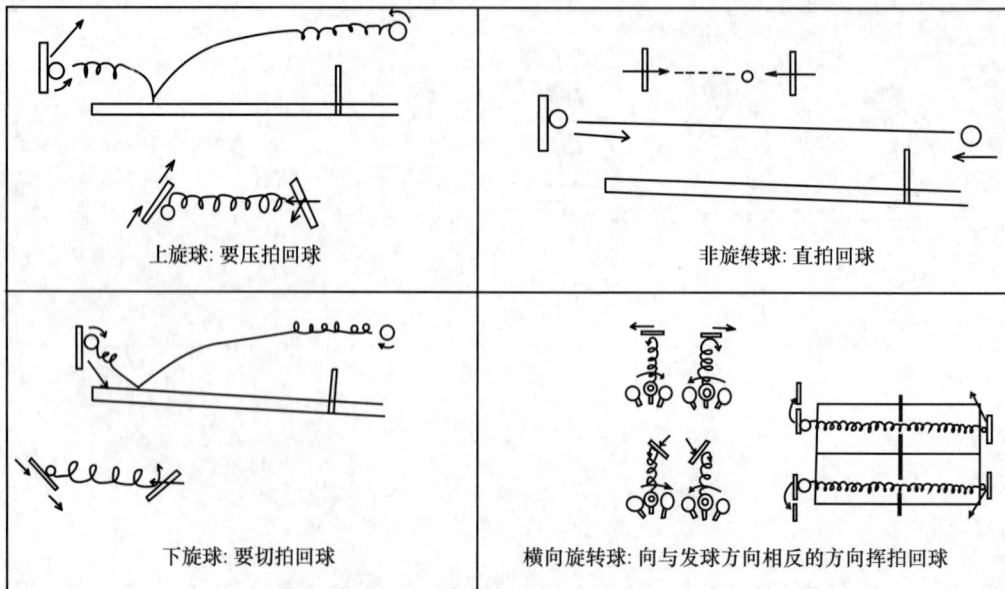

上旋球：要压拍回球

非旋转球：直拍回球

下旋球：要切拍回球

横向旋转球：向与发球方向相反的方向挥拍回球

图 4-45

6. 推挡球

（1）平挡球。

拍形呈半横状，右手小臂前伸主动迎球，在球上升期触球的中部，借来球反弹力击回。

（2）快推。

两脚平行站立离台 30~40 厘米，右手屈臂持拍于腹前，击球时前臂向前伸出，手腕外旋并使球拍前倾，在球上升期击球中上部，击球后，手臂继续前送，如图 4-46 所示。

图 4-46

7. 攻球

攻球在比赛中是争取主动和取胜的重要技术，分正手攻球和反手攻球两类，这里只介绍正手攻球。

（1）正手快抽。

左脚在前，右手持拍成半横状并向前倾，当球弹起上升时，右手手臂和手腕向前上方挥动，同时内旋转腕击球中上部，击球后挥拍至头部，如图 4-47（a）所示。

（2）正手拉抽

左脚在前，身体离球台稍远，击球前，右手向右后方引拍使拍稍后仰，当球下落时，右手上臂由后向前加速挥动提拉，同时配合手腕动作向上摩擦击球中下部，击球后挥拍至前额，如图 4-47（b）所示。

(a) 正手快抽   (b) 正手拉抽

图 4-47

8. 搓球

搓球常用技术有快搓、慢搓、搓侧旋扣加转球。下面主要介绍快搓球和慢搓球技术。

（1）反手慢搓。

左脚在前，右手持拍臂向左上方引拍。击球时，右手向前下方转腕用力，拍面后仰，在球下降期间击球中下部，如图 4-48 所示。

（2）正手慢搓。

左脚在前，身体稍向右转，右手手臂向右上方引拍，待球下降期，向左前方用力击球中下部。

（3）快搓。

身体靠近球台，来球在身体左侧时，用右手反手在球上升期击球中下部。来球在身体右侧时，用右手正手搓球，手臂向右前上方行拍，球在上升期中，手臂手腕向前下方用力击球中下部。

图4-48

三、乒乓球的基本战术简介

1. 发球抢攻

用反手发右侧上（下）旋球至对方中路或靠右近网区，伺机攻对方左区，如图4-49（a）、4-49（b）所示。发近身急球侧身抢攻对方中路或两角，如图4-49（c）、4-49（d）所示。发急下旋球至对方两角，侧身抢攻，如图4-49（e）所示。

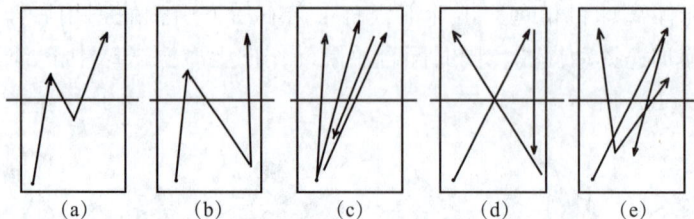

(a)　　　　(b)　　　　(c)　　　　(d)　　　　(e)

图4-49

2. 接发球战术

用拉球、快拨、推挡和搓短（快搓的一种）破坏对方发球抢攻。

3. 推挡变线

用推挡压对方左角时，变推直线袭击空当或两角。

4. 左推右攻

推挡稍占主动或侧身抢攻时，如对方变线到正手，应用正手回击攻球。在推挡中主动变线，当对方回斜线时，用正手反击对方空当。

四、乒乓球比赛的规则和最新动态

（1）一场比赛：国际规定单打为7局4胜制，双打为5局3胜制。

（2）一局比赛：在每局比赛中，以先得 11 分为胜方，若打到 10 平后，则先多得 2 分为胜方；2001 年 9 月 1 日前，每局比赛为 21 分制。

乒乓球直径为 40 毫米，2000 年 10 月 1 日以前直径为 38 毫米。直径的增大可以使球速和旋转速度变慢，从而增加回合数，使乒乓球比赛更具观赏性。

在比赛中，采用每两分换发球制。

运动员发球时不能有隐蔽动作，一切都要让对手以及裁判看到。选手发球时不得从身体后面的位置击球或用一条手臂遮住球，即在发球的一刹那不得让身体的部位挡住对手视线。

第六课　羽毛球

美育的形式应是多种多样的，不要把美育搞得太狭窄了。不只音乐、美术，还有语文教学、体育训练、各种艺术品的展览、文学戏剧的欣赏、业余文艺的创作，都属于美育的范围。

——周扬

应知导航

（1）了解羽毛球运动的发展及特点。
（2）掌握羽毛球运动的基本技术和练习方法。
（3）熟悉羽毛球比赛的规则。

羽毛球

知识探究

一、羽毛球运动的起源、发展与特点

1. 羽毛球运动的起源与发展

现代羽毛球运动于 1800 年前后诞生于英国，由网球派生而来。1875 年，世界上第一部羽毛球比赛规则出现于印度的普那。3 年后，英国又制定了更趋完善和统一的规则。1893 年，世界上最早的羽毛球协会——英国羽毛球协会成立，并于 1899 年举办了全英羽毛球锦标赛。1920 年前后羽毛球运动传入我国。1934 年，由加拿大、丹麦、英格兰、爱尔兰、荷

兰、新西兰等国与地区发起成立了国际羽毛球联合会，总部设在伦敦。从此，羽毛球国际比赛日渐增多，其中影响较大的主要有奥运会、世界锦标赛、汤姆斯杯、尤伯杯、苏迪曼杯、世界青少年锦标赛、世界羽毛球公开赛等。

2. 我国羽毛球运动的发展

中华人民共和国成立后，我国逐渐成为羽毛球运动的强国，在汤姆斯杯、尤伯杯和苏迪曼杯等赛事上，中国人显示了"羽毛球强国"的实力。在世界大赛中多次获得男子单打、男子双打、男子团体、女子单打、女子双打、女子团体等项目的冠军。

3. 羽毛球运动的特点

羽毛球运动属持拍、隔网类球类项目，其运动量较大，要求参加者有很好的灵敏性。经常参加羽毛球运动，可以提升人体的灵活性和协调性，提高人体的动作速度，改善内脏器官功能，使身体得到全面发展。同时对培养人的顽强、灵活、沉着、果断等优良品质和作风也有作用。

羽毛球运动的器材简单、便宜，而且所需场地较小，可以因地制宜。羽毛球运动负荷比较容易调整，趣味性强，是一项可以经常进行的体育运动。

知识链接

怎样让羽毛球更耐打

准备一碗烧开不久的热水，将羽毛球的球毛部分浸入水中 2~3 分钟，注意不要让水浸到球头部分，水温不能太低，如水凉了要及时换成热水。

浸泡完毕后将球取出阴干，注意一定要阴干。阴干后就可以使用了，这样处理过的羽毛球韧性较好，只要不直接打在球毛上，球的耐打性会提高不少。特别要注意如果处理后没有在 5~6 天内使用，应该重新处理一次。

另外，如果买到的是鸭毛球，则由于其结构和强度远逊于鹅毛，处理的效果会不好。其原因是：鸭毛油脂比鹅毛多；鸭毛海绵体不容易吸收水蒸气，所以效果不明显。

二、羽毛球运动的基本技术

1. 握拍法与持球法

正手握拍法与握手动作相似，虎口对准拍框侧面拍柄的内棱角，小指、无名指和中指并握，食指稍分开，大拇指与食指相对，如图 4-50（a）所示。

反手握拍法在正手握拍基础上，将拍框稍向外转，拇指上伸用内侧顶住拍柄的宽面，食指向中指收拢，如图 4-50（b）所示。

2. 发球

按发球时球在空中飞行的弧线不同可分为高远球、平地球、平快球、网前球等；按发球动作可分为正手发球和反手发球，正手可发高远球、平快球、网前球，反手主要发网前球和平快球。发球的持球方法如图 4-50（c）所示。

（1）发高远球。发球时，左手松开使球下落，同时右手握拍沿着从下而上的弧线，向前上方加速挥摆（其仰角要大于 45°）。将触球时，前臂带动手腕向前上方"闪动"，使击球瞬间形成"爆发力"，击球点在右侧前腰下，如图 4-51 所示。

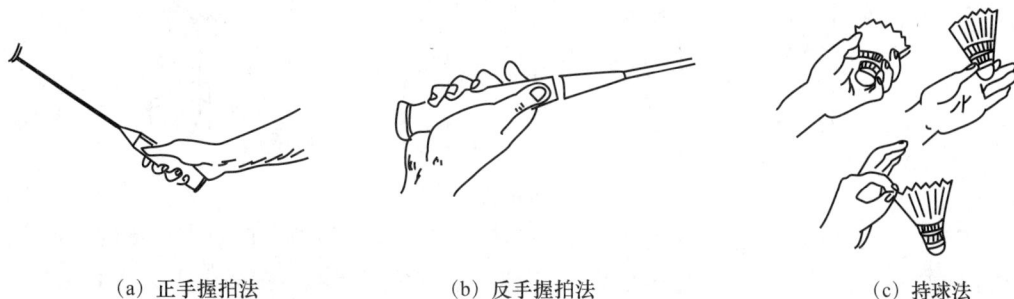

（a）正手握拍法　　　　　（b）反手握拍法　　　　　（c）持球法

图 4-50

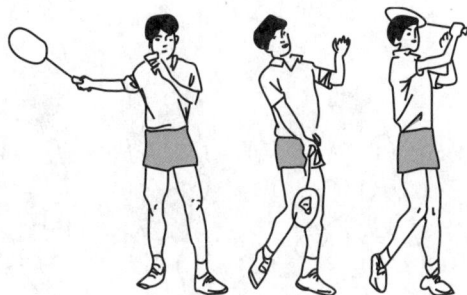

图 4-51

（2）正手发网前球，俗称发小球。挥拍的幅度要小，力量较轻，拍面稍后仰，主要利用右手手腕和手指的力量从右向左斜切推送，把球击出，如图 4-52 所示。

图 4-52

（3）反手发球。右脚在前，右肘稍高，引拍距离很短，将球向前方推送出去，如图 4-53 所示。

3. 击球

（1）正手击高远球，它是把球从自己的后场打向对方后场的击球方式，用于调动和牵制对方。击球时，右前臂在上臂带动下向前上方迅速挥摆，手腕向前"闪动"击球，如图 4-54 所示。

图 4-53

（2）反手击高远球，它是用右手反手握拍把球从自己的后场打向对方后场的击球方式，右脚迈向左后方，背对球网，身体重心在右脚，球拍举在胸前，拍面朝上，双膝微屈，利用腿和腰腹协调发力，大臂带动前臂，肘部上抬与肩并行时，前臂带动腕部，在右侧上方伸直手臂向后击球，如图 4-55 所示。

图 4-54

图 4-55

（3）正手抽球，它是将落向自己右手正手一侧的低球快速击向对方中后场的击球方法。击球时，脚的步位要配合好，右手正手抽球时，右脚向侧稍后跨出，如图 4-56 所示。

图 4-56

（4）反手抽球，它是将落向自己反手一侧的低球快速击向对方中后场的击球方法。击球时，利用腰、臂、腕的旋转快速挥拍，见图 4-57。

图 4-57

（5）正手低手击高远球，它是将落向自己正手前方的低球快速击向对方中后场的击球方法。击球时，右脚向前跨出大步，右手臂上扬并像捞东西一样迅速向上振拍，如图 4-58 所示。

（6）反手低手击高远球，它是将落向自己反手前方的低球快速击向对方中后场的击球方法。击球时，右脚向左前跨出大步，使用右手臂和手腕的力量像弹击一样挥拍，见图 4-59。

图 4-58   图 4-59

（7）正反手扑球，它是迎击对方的近网球的方法。击球时要根据对方的动作迅速移动，准确击球，如图 4-60 所示。

图 4-60

（8）扣球。扣球是羽毛球运动中的攻击手段。其动作技术要点有如下几方面。

①判断球的落点，迅速移动。

②重心移至右脚尖，向后挥拍。

③上体向后仰，持拍臂肘弯曲。

④转肩滞肘以画圆状击球，击球点比打高远球略前。

⑤击球瞬间迅速发力后，手和拍顺圆弧自然摆至左下方，如图 4-61 所示。

图 4-61

4. 步法

与其他球类项目不太一样，羽毛球运动的步法很讲究规范。步伐一乱就会在比赛中处于不利的地位。

（1）前进步法。可采用跨步、垫步、蹬步和交叉步法。不论是一步、两步还是三步上网，最后一步都要求右脚在前、重心落在右脚上。

（2）后退步法。正手后退，一般采用侧步和交叉步后退，要求最后一步右脚在后，重心放在右脚上。反手后退可左脚先向左后退一小步，使身体左转，以左脚为轴，右脚交叉向左后迈一步，右脚落地同时击球。

三、羽毛球运动的练习方法介绍

1. 熟悉球性的方法

熟悉羽毛球球性的方法，如图 4-62 所示。

持拍颠球

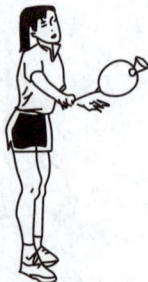
用拍接住球

对墙击球

图 4-62

2. 各种练习的方法

羽毛球的练习方法如图 4-63 所示。

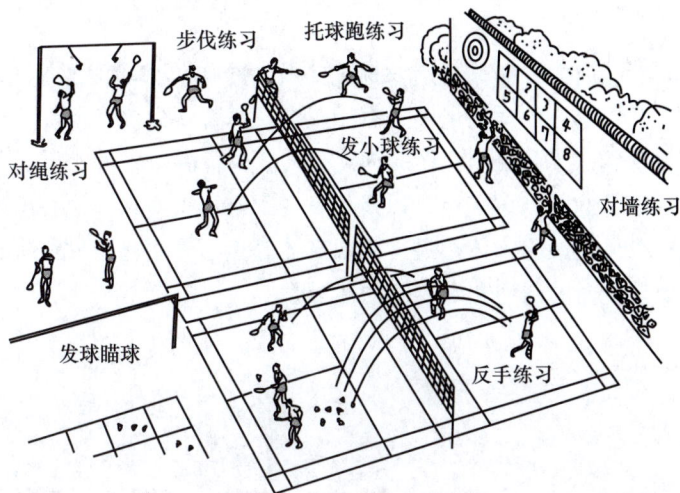

图 4-63

四、羽毛球比赛的规则简介

（1）一场比赛：正式比赛，每场均采用 3 局 2 胜制。

（2）一局比赛：在每局比赛中，采用每球得分制，先得 21 分者获胜，如果打到 20 平后，任何一方要获胜必须先多得 2 分。

比赛从第 1 次发球起到比赛结束，除了规则允许的间歇外（如交换场区、第 3 局开始前 5 分钟休息等），应是连续进行的。任何情况下，都不允许运动员为恢复体力或喘息或接受场外指导（羽毛球比赛一般只有在第 3 局开始前 5 分钟间歇时，才能接受场外指导）而暂停比赛或拖延时间。未经裁判允许，运动员不得擅自离开比赛场地。

学以致用

（1）球类运动对身体健康的促进体现在哪些方面？

（2）简述篮球运动的特点。

（3）排球运动的基本技术包括哪几个方面？

（4）足球运动意识的培养需要哪几个阶段？

（5）乒乓球运动的基本战术有哪些？

（6）列举几个熟悉羽毛球球性的方法。

"真、善、美"历来是道德标准的最高准则，而爱美之心，人皆有之。古有西施捧心的病弱之美，有黛玉葬花的哀伤之美。而在今天，随着社会的发展，"健康"已经成为现代人美的标准。

通过形体运动、健美运动以及体育舞蹈等形式对形体进行塑造，使身体美与心灵美融为一体，最终实现形体健美、气质高雅的终极目标，展现青少年生命的活力和对生活的热爱！

健美篇

——塑造健康和美丽

第一课　形体健美概述

我们力求使学生深信，经常的体育锻炼，不仅能发展身体和谐的美，而且能形成人的性格，锻炼意志力。

——苏霍姆林斯基

应知导航

（1）了解形体健美的标准。
（2）了解健美运动对身体健康的促进作用。

知识探究

一、形体健美基本知识

1. 形体健美的概念

形体健美是指具有健康的身体、匀称的体形、优美的姿态和高雅的气质的一种综合性人体美。

2. 形体健美的标准

我国体育健美工作者研究归纳出形体健美的基本标准：骨骼发育正常，关节不显得粗大凸出；肌肉发达均匀，皮下有适当脂肪；五官端正，与头部比例配合协调；双肩对称，男宽女圆；脊柱正视垂直，侧视曲度正常；胸廓隆起，正背面部略呈倒放的三角形；女子乳房丰满而不下垂，腰略细而结实，微呈圆柱形，腹部扁平；男子有腹肌垒块隐现；腿长，大腿线条柔和，小腿后的腓肠肌稍突出，足弓较高。

二、形体健美对健康的促进作用

车尔尼雪夫斯基说："生命是美丽的。对人来说，美丽不可能与人体的健康分开。"而形体健美训练不仅能使人获得健康美、形体美、姿态美、动作美和气质美，而且对人体主要组织和器官也能起到良好的锻炼和调节作用。人体的心、肺、消化系统功能都会在锻炼中得到改善和加强。锻炼对肌肉代谢的影响尤其明显，锻炼可使肌纤维增粗，体积增大，改变身体各部位的围度比例，增强肌肉力量；同时还能祛除脂肪，达到减肥的目的。

形体健美作为体育与健康的教学内容之一，可以陶冶情操，美化心灵，提升人们的审美能力，丰富精神生活，起到促进身心健康和谐发展的作用。

知识链接

街　舞

街舞起源于 20 世纪 60 年代的美国，是基于不同的街头文化或音乐风格而产生的多种舞蹈的统称。所用音乐一般为 "Hip Hop" 或 "Punk"。而现今融入了有氧舞蹈，以明显的节奏搭配、全身上下自由摆动为特点，具有更多的趣味性。街舞一样可以达到减肥瘦身的效果，如可以增进协调性、心肺功能，甚至肌力等。因此，目前的专业有氧教练也逐渐将迪斯科、爵士等各类型的舞蹈加以整合，既不断吸收新奇好玩的舞步，又可使练习者达到减肥塑身的目的。

第二课　形体运动

世上没有比结实的肌肉和新鲜的皮肤更美丽的衣裳。

——马雅可夫斯基

应知导航

（1）了解形体运动的内涵以及日常与人交往的礼仪。
（2）了解形体美的标准。
（3）掌握形体运动练习的方法。

形体运动

知识探究

形体运动是以身体练习为基本手段，匀称和谐地发展人的形态，塑造体型，纠正不正确的姿态和动作，增强体质，促进人体形态更加健美的一种体育运动。

姿态与体型是两个不同的概念，却又是互为补充的构成理想形体的主要条件。鉴于每个人先天素质各有差异，要同时具备这两个条件，应该说是件非常困难的事情。但只要能根据自己的个人特点，有针对性地进行锻炼与塑造，就能使姿态与体型合理搭配、互为补充，就能塑造出不同风格的优美体型。

一、美的姿态

姿态美是人体美中的流动之美，包括各种身体姿势和举止神情。但能否使它们自然和谐地表现和流露，却在很大程度上取决于个人的气质、修养和品德。

1. 身体姿势

人的日常活动离不开坐、立、行、卧这几个基本姿势。古人说："坐如钟，立如松，行如风，卧如弓。"这就是对当时崇尚的姿势美最形象的概括。

2. 举止神情

举止神情作为一种外在表现，实际上是以"无声语言"让他人从你的举手投足、颦笑之间去感受美丑。例如，手势、眼神，乃至说话腔调在内的姿态，究竟是高雅的还是粗俗的，都是内在气质的具体表现。

二、美的体型

体型美是人体美中的形态之美，体型是否符合协调适中、匀称和谐、健康美观的要求，可按身高、体重、肩宽和三围之间的比例关系来评定。但鉴于"体型美"又具有社会性、时代性和民族性特点，即便在同一时代、同一民族、同一社会中，也会因审美视角不同而出现许多不同的评价标准。

图 5-1

1. 形体运动练习

形体运动练习（见图 5-1）是塑造体型美的基本方式，它以身体练习为基本手段，内容包括力量练习、有氧练习和柔韧练习等。

2. 因人而异锻炼

在生长发育过程中，每个人的体型都受先天遗传的影响，也存在许多可能使体型发生变化的因素。按个人特点做到区别对待，是有针对性地塑造体型美的基本原则。塑造体型美可采用力量型、体能型、多姿型、姿态型和适应型 5 种方式，具体如下。

（1）力量型，主要采用杠铃、哑铃或其他重物进行练习，使全身肌肉得到协调、匀称的发展。

（2）体能型，主要采用各种器械和练习手段，进行全面锻炼，使全身肌肉得到协调、匀称的发展。

（3）多姿型，主要采用轻器械练习、有氧运动及柔韧性练习等方式，进行综合性的身体锻炼。

（4）姿态型，主要采用各种身体练习手段，促使身高与体重的比例协调，注意身体姿势及举止神情的美化，以形成自己的独特风度。

（5）适应型，主要采用有针对性的练习方法，去弥补自身存在的缺陷与不足。

3. 合理安排时间

应根据每个人的作息时间和生活规律，安排形体锻炼的时间。每周安排几次锻炼更合适，除取决于练习的性质、内容与负荷，还应以每次锻炼后的体力恢复状况为依据。

4. 具体安排

每次练习的持续时间，至少应达到30分钟，否则很难达到理想的效果。此外，应根据不同练习内容，合理安排好准备活动，时间长短以全身发热、四肢关节灵活、肌肉韧带松弛为准，通常在15~20分钟。最后还要根据练习后的自我感觉，认真做好整理活动。整理时间长短以感觉呼吸和心脏搏动稳定、不适感消失、身体觉得轻松为准，通常在15~20分钟。

知识链接

艺术体操

艺术体操是一项徒手或手持轻器械在音乐伴奏下，以自然性和韵律性动作为基础的体育运动项目，是艺术性较强的竞技性体操项目（多为女子项目）。根据对动作内容、难度、强度等的不同要求，艺术体操分为一般性艺术体操和竞技性艺术体操两大类。

一般性艺术体操动作自然、协调，经常参加艺术体操锻炼能使身体各器官、系统的功能及各项身体素质和身体活动能力得到均衡发展，使体质不断增强，尤其对形成正确的身体姿态有良好的效果。坚持艺术体操锻炼能有效地促使健美的形体、高雅的气质和仪表的形成。竞技性艺术体操是在自然和协调动作的基础上，在音乐伴奏下进行的个人和集体的一种竞技性运动。

三、美的动作

动作美是人体美中的表现之美，也是进行形体运动练习的基础，它在形体锻炼中起着非常重要的作用。在参加形体锻炼时，首先要从最基本的动作学起，明确基本动作的做法，并较规范地掌握动作，遵循由易到难、由简到繁、循序渐进的原则，为进行较复杂的练习和成套动作练习打好基础，使锻炼真正达到预期目的。

1. 常用脚位动作［见图5-2（a）］

并立——两脚跟、脚尖并拢。

自然立（小"八"字立）——两脚跟并拢，脚尖分开呈"八"字形。

开立（大"八"字立）——两脚向侧分开站立，约与肩同宽。

点地立——一脚站立，另一脚向前（侧、后）伸出、脚尖点地。

"丁"字立——一脚的脚跟靠在另一脚的脚心处，呈"丁"字形。

2. 芭蕾脚的位置［见图5-2（b）］

一位——两脚跟并拢，脚尖向外侧打开，两脚呈一横线。

二位——两脚跟相对，左右分开相距一脚站立，脚尖向外侧打开呈一横线。

三位——脚尖向外侧打开，前脚跟与后脚跟重叠站立。

四位——两脚尖向外侧打开，前脚尖与后脚跟平行，两脚间距一脚左右。

五位——两脚尖向外侧打开，两脚前后重叠平行相靠。

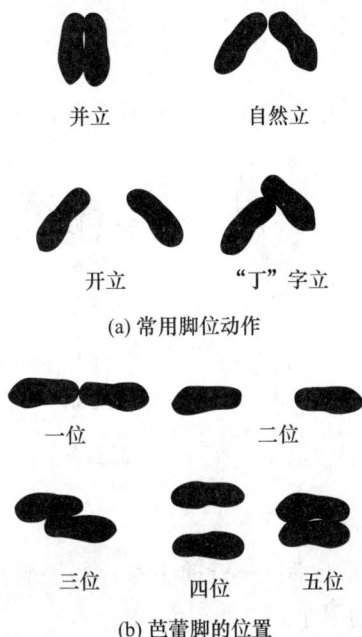

并立　　　　自然立

开立　　　　"丁"字立

(a) 常用脚位动作

一位　　　　　二位

三位　　　四位　　　五位

(b) 芭蕾脚的位置

图 5-2

　　要求：做站立姿势时要保持身体挺拔，双腿夹紧，收臀，收腹，立腰，挺胸抬头，肩部放松，在做芭蕾脚时要注意两脚充分并拢，身体重心在两脚之间。

　　3. 腿部的摆动

　　向前踢腿摆动——一腿支撑，另一腿用力向前上方踢起至最大限度，然后还原成直立姿势。

　　向侧踢腿摆动——一腿支撑，另一腿用力向肩侧上方踢腿至最大限度，然后还原成直立姿势，如图 5-3 所示。

　　向后踢腿摆动——一腿支撑，另一腿用力向后上方踢起至最大限度，然后还原成直立姿势如图 5-4 所示。

向侧踢腿

图 5-3

向后踢腿

图 5-4

　　要求：做腿部摆动时，支撑腿必须伸直，摆动腿要有一定的速度，要尽量加大动作幅度，充分用力，腿下落时要轻。

4. 常用手臂动作（见图 5-5）

常用手臂动作有以下几种。

（1）前平举、后上举、侧平举、侧上举、上举、侧下举。

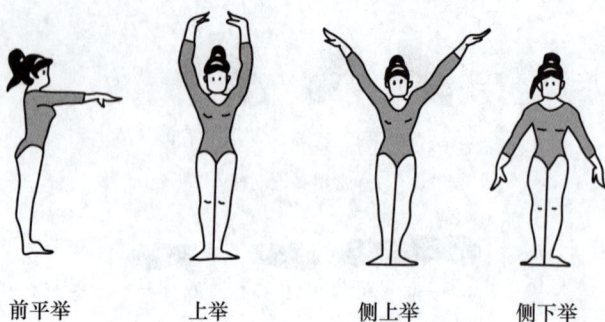

| 前平举 | 上举 | 侧上举 | 侧下举 |

图 5-5

（2）一臂侧下举，另一臂前上举；一臂前上举，另一臂后下举；一臂侧上举，另一臂侧下举；一臂后上举，另一臂前下举。

第三课　健美运动

运动的作用可以代替药物，但所有的药物都不能替代运动。

——蒂素

应知导航

（1）了解健美的标准。
（2）掌握健美运动的正确锻炼方法。

健美运动及锻炼

知识探究

一、健美运动

近代健美运动于 19 世纪末由德国人山道首创，20 世纪初风行美国，不久传入中国。1946 年在上海举行我国首届健美比赛。健美是一项通过器械发展身体各肌肉群的塑身运动，

它以人体自身为对象，通过科学的身体训练与艺术创造，在塑造人体、美化体形和陶冶情操等方面，融健、力、美于一体，对青少年具有增强体质与塑造完美形体的作用，如图5-6所示。

图 5-6

健美的标准主要有以下 6 点。

（1）骨骼发育正常，人体各部分比例匀称、适度，左右对称，脊柱无后突，胸骨无前突，肘部、膝部无内翻或外翻。

（2）肌肉发育良好，纹理线条清晰，皮肤富有弹性，光洁度好。

（3）双肩对称，男宽、女圆，微显下削，无垂肩。

（4）胸廓宽厚，比例协调。男子胸肌圆隆，背视呈倒三角形。女子乳房丰满，侧视有明显的女性特征。

（5）女子腰细而有力，微呈圆柱形，腹部扁平。男子处于放松时，有肌肉垒块隐现。女子腰围比臀围小 1/3。

（6）下肢修长无畸形。大腿线条柔和，小腿较长，腓肠肌位置较高而突出，足弓高。

二、健美的锻炼

1. 认识肌肉

人体主要肌肉分布如图5-7所示。

2. 正确运用健美锻炼方法

（1）肩部健美。

①两臂前上举——主要发展三角肌前侧部。

②哑铃上举——主要发展三角肌侧前部。

③坐推举——主要发展三角肌中部、前侧部。

④坐姿侧举——主要发展三角肌前部、中部和后部。

（2）胸部训练方法。

①十字下拉——主要发展胸大肌。

②颈上推——主要发展胸大肌上部。

③下斜卧推——主要发展胸大肌下部。

④哑铃扩胸——主要发展胸大肌中部。

（3）腹部健美法。

①肋木举腿——主要发展腹直肌。

②半仰卧起坐——主要发展腹肌上部。

③直腿抬起——主要发展腹直肌下部。

④仰卧侧提腿——主要发展腹斜肌。

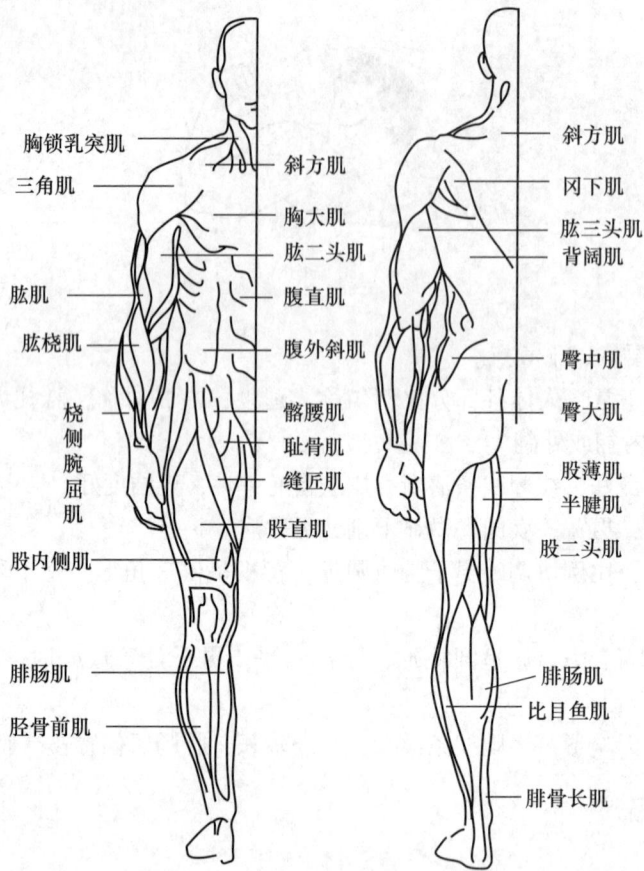

胸锁乳突肌
三角肌
肱肌
肱桡肌
桡侧腕屈肌
股内侧肌
腓肠肌
胫骨前肌

斜方肌
胸大肌
肱二头肌
腹直肌
腹外斜肌
髂腰肌
耻骨肌
缝匠肌
股直肌

斜方肌
冈下肌
肱三头肌
背阔肌
臀中肌
臀大肌
股薄肌
半腱肌
股二头肌
腓肠肌
比目鱼肌
腓骨长肌

图 5-7

（4）背部健美法。

①划船练习——主要发展背阔肌上、中部。

②双臂下斜拉——主要发展大圆肌。

③杠端引体向上——主要发展背阔肌。

④单杠引体向上——主要发展背阔肌。

（5）腿部健美法。

①负重伸小腿——主要发展大腿前部肌群。

②垫深蹲——主要发展大腿前部肌群。

③俯卧屈小腿——主要发展股二头肌。

（6）上臂肱三头肌健美法。

①窄握距卧推——主要发展肱三头肌外部。

②跪姿定肘伸臂——主要发展肱三头肌下部。

③双杠双臂屈伸——主要发展肱三头肌上部。

④俯立哑铃前臂后屈伸——主要发展肱三头肌上部。

（7）上臂肱二头肌健美法。

①斜板弯举——主要发展肱二头肌下部、肱肌。

②引体向上——主要发展肱二头肌突起。

③坐姿弯举——主要发展肱二头肌突起。

三、健美操

现代健美操源于民间的舞蹈"迪斯科"，或20世纪60年代末由美国的杰姬·索伦森开创的健力舞。它们通过体操与舞蹈的结合，为健美操的发展奠定了基础。结合各种舞蹈造型表现人体姿态，根据人体各部位的特点，把伸、展、屈、振、绕、转、跳等动作编排成套，并配以乐曲显示青春活力和艺术感染力的身体操练，都可以称为健美操，其又可分为健身健美操和竞技健美操。

1. 健身健美操

健身健美操是指普及面较广、动作相对简单的大众性健美操。它以增进健康、表现形体、美化姿态、调节情感、发展身体协调能力及灵活性为目的，具有健身性、趣味性、针对性和随意性强等特点。可根据不同性别、年龄的需要，结合各种舞蹈造型编排成操。

2. 竞技健美操

竞技健美操是用于竞赛表演、动作难度相对较高的健美操，有严格的比赛规则和裁判制度，对参赛动作、时间和技术都有具体要求。为了突出健美操表现"美"的神韵，无论表演风格或编排套路，都很重视情感表现，即强调情感流露。

鉴于健美操具有随意性、自由度较大的特点，只要掌握基本动作、遵循编排原则，按动作组合规律、配合音乐旋律和节拍，就能根据不同需要自编不同形式、不同负荷、不同功效的健美操。

知识链接

我国健美操发展概况

在我国，北京体育学院和上海体育学院在1984年分别成立了健美操教研室，率先开设了健美操课程。其他大中专院校也逐步开设了健美操必修课或选修课。目前，健美操已成为我国各级各类学校体育课或课外活动中一项受欢迎的运动。

1998年10月，国家体育总局制定并颁布了《健美操运动员技术等级标准》，对国际运动健将、国家运动健将和一、二、三级运动员都提出了明确的达标要求。1999年，国家体育总局颁布了6套大众健美操标准动作，并建立了国家级和一、二、三级健美操等级指导员制。1987年5月，我国首次在北京举行竞技健美操比赛——"长城杯"健美操大赛，之后每年举行一次。

学以致用

（1）什么是形体健美？它的标准是什么？

（2）形体运动的作用有哪些？

（3）简述正确练习身体各部位肌肉的方法。

（4）健美操有什么特点？

随着生活水平的逐步提高，人们已经不再只为一日三餐而奔波忙碌，而要求在闲暇之余可以得到更高的生活品质，从而达到身心的放松。

现在，纷繁多样的休闲体育运动越来越受到人们的青睐，诸如游泳、滑雪、滑冰、保龄球、台球、极限运动等项目使人们在运动中得到健康，在运动中体验生活的乐趣！

休闲篇

——运动中享受生活

第一课 休闲体育概述

身体虚弱，它将永不会培养有活力的灵魂和智慧。

——卢梭

应知导航

了解休闲体育对健康的促进作用。

知识探究

一、休闲体育的基本知识

休闲体育是人们在学习、工作之余参与的体育活动，也是一种崭新的生活态度、生活方式和生存状态。随着现代科学技术的飞速发展，人们的物质生活水平不断提高，闲暇时间也逐渐增多。充分利用闲暇时间，通过休闲体育来满足自我的生理需要和精神需要，已成为现代人生活的重要内容。

二、休闲体育对健康的促进作用

通过参加休闲体育运动，可以松弛精神、解除疲劳，实现心智与身体的协调、精神与身体的健康，获得纯粹的乐趣，进而实现自我的完善。在提升生活质量的同时，促进学习、工作的进步。

在现实生活中，由于人们的观点不同，对休闲体育的认识也不尽相同，因此结果也是千差万别。正确的观念和行为应是：把休闲体育看作是一种固定的生活方式和良好的生活习惯，定期制订休闲体育计划，积极参加休闲体育活动，使自己在休闲的过程中获得精神与身体上的双重健康，获得真正意义上的超脱和乐趣。随着人们生活观念的不断更新以及休闲体育功能的进一步宣传与推广，人们对休闲体育有了更深层次的理解，休闲体育将作为一种全新的生活方式成为人们生活的一部分，从而使人们生活得更加科学、文明和健康。

知识链接

休闲体育的分类

休闲体育有多种分类方法，如个人活动与集体活动、室内活动与户外运动、竞赛活动与非竞赛活动、商业性活动与非商业性活动等。按参加者在活动中的身体状态，可分为以下3类。

（一）观赏性活动（间接参与）

观赏性活动主要指观赏各种体育竞赛和休闲体育的表演。在观看比赛和表演的过程中，人们会表现出赞赏、激动、惊叹、沮丧、愤怒等情绪，心理压力得到充分释放。在观赏的过程中，还可以学习一些体育知识，欣赏到体育运动的艺术魅力，受到体育精神的熏陶。

（二）相对安静状态的活动

这类活动主要指棋牌类休闲活动。这类活动的参与者身体活动量较小，脑力支出大，是智慧与心理素质的竞争。棋牌类活动通常是多人参加的集体活动，默契与配合、经验与心理素质要求高是这类活动的主要特征。由于棋牌类活动充满乐趣，易于开展，因此成为人们喜闻乐见的休闲方式。钓鱼也属于这类活动，但体力与脑力的支出都比较小，是一种很好的修身养性的休闲方式。

（三）运动性活动

根据不同的特性，运动性活动通常分为以下几种。

1. 眩晕类运动

这类运动借助特定的运动器械和设备，使人在运动中获得在日常生活中难以体验到的空间运动感觉，感受身体与心理极限的刺激。例如，游乐场上各种滑动、旋转、升降、碰撞的游玩项目，以及过山车、蹦极等典型的眩晕类运动项目。

2. 命中类运动

这类运动要求参与者运用自身的技巧和能力，借助特定的器械击中目标，如打靶、射箭、投篮、打保龄球、打台球等。

3. 冒险类运动

这是一种具有挑战性的休闲活动，需要有严密的组织和安全保障措施，如罗布泊沙漠探险、长江漂流、游泳横渡海峡等活动。

4. 户外运动

这里的户外运动，并不是指只在室外进行体育活动，而是指让人们回归自然的各种体育休闲方式，如野营、定向运动、登山、攀岩等。

5. 技巧类运动

此类运动是指人运用自身的能力，借助特定的轻器械所表现出的高度灵巧性和技艺的运动，如花样滑板、自行车飞越障碍等。

6. 游戏竞赛类运动

这是将竞技体育比赛项目的规则进行简单化和游戏化后，形成的休闲游戏比赛，如沙滩排球、三人制篮球等。

7. 水上、冰雪类运动

水上项目有游泳、潜水、滑水、摩托艇、帆板、冲浪等。

冰雪运动有滑雪、花样滑雪、雪橇、滑冰等。

休闲体育的内容是十分丰富的，上述分类方法仅根据各休闲体育项目的特征进行归类，并不能完全反映各项目的归属。事实上，有一些项目可以分列于多个类型之中。重要的是，通过分类，我们可以进一步了解休闲体育的特征和内容，理解休闲体育的价值和内涵，为参加休闲体育积累、掌握一些必要的知识。

第二课　游泳

科学的基础是健康的身体。

——居里夫人

应知导航

（1）了解正式游泳比赛的项目。
（2）掌握蛙泳、自由泳的技术。
（3）掌握水上救护的基本知识。

游泳

知识探究

游泳是利用水的特性，凭借肢体动作与水的相互作用而进行的一项运动。经常参加游泳活动，对匀称地发展肌肉、提高心肺功能、促进新陈代谢以及培养勇敢、顽强的意志品格等都有积极的作用。

正式的游泳比赛分自由泳、蛙泳、蝶泳、仰泳4种项目，以及这4种泳姿组合的混合泳项目（见表6-1）。

表 6-1　游泳比赛项目

自由泳	50 米、100 米、200 米、400 米、800 米（女）、1500 米（男）
蛙泳	50 米、100 米、200 米
蝶泳	50 米、100 米、200 米
仰泳	50 米、100 米、200 米
个人混合泳	200 米（4 种泳姿各 50 米）、400 米（4 种泳姿各 100 米）
蛙泳、蝶泳、仰泳接力	200 米（4 人各 50 米）、400 米（4 人各 100 米）、800 米（4 人各 200 米）
混合泳接力	200 米（4 人各 50 米，每人一泳姿）、400 米（4 人各 100 米，每人一泳姿）

　　鉴于中职学生的游泳基础和学习条件，这里只介绍熟悉水性、蛙泳、自由泳和水中救护常识。

一、熟悉水性

　　熟悉水性是学会游泳的基础。目的是让初学者了解水的特性，习惯水的环境，初步培养利用水的浮力、克服水的阻力等能力，为学习游泳技术打下基础，见图 6-1。

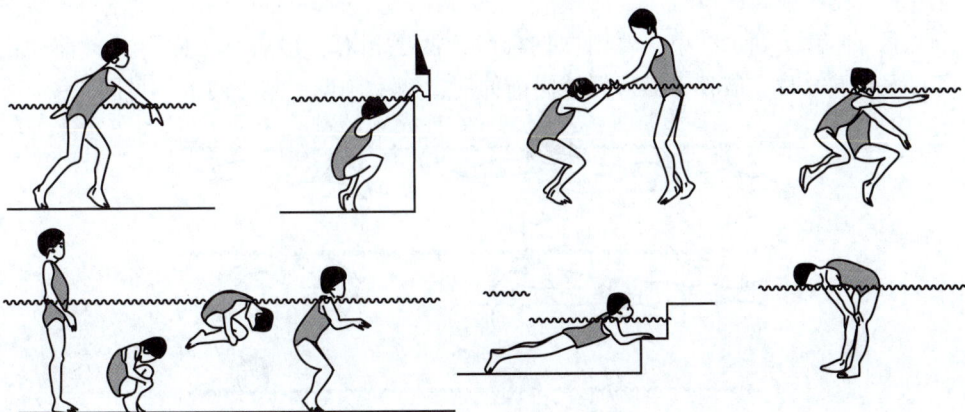

熟悉水性的图解

图 6-1

知识链接

　　眼科专家提醒游泳爱好者，要重视游泳后的用眼健康，游泳后必须滴抗菌眼药水，如氧氟沙星抗菌滴眼液，不要怕麻烦。从游泳当天起，每 24 小时滴 3 次，每次 1~2 滴，连续滴 2~3 天，如果几乎天天游泳的话，要坚持用药。患有红眼病（急性结膜炎）、睑腺炎者应自觉远离泳池，避免加重病情和传染给他人。

　　出汗时也不宜游泳。因为出汗时体表毛细血管扩张，体热散失，毛细血管遇冷水会骤然收缩，病菌、病毒易侵入，使人生病。

二、学习蛙泳

1. 蛙泳技术

蛙泳技术由身体姿势、腿部动作、臂部动作、呼吸和动作配合5个部分组成。

（1）身体姿势。身体基本是水平俯卧在水中，身体纵轴与前进方向成5度~10度，抬头时水齐前颌。

（2）腿部动作。腿部动作分收腿、翻脚、蹬夹水3个连续的动作阶段。

①收腿。在两腿完全伸直并稍有下沉时，屈髋和屈膝，同时两小腿向大腿后折叠与臀部靠拢，边分边收，两膝距离与肩同宽，大腿和躯干成130度~140度。

②翻脚。当腿、脚跟接近臀部时，两膝稍向里扣，脚尖向两侧外翻做翻脚动作。

③蹬夹水。腿后蹬时，边后蹬边内夹，以蹬为主，蹬夹动作先伸髋，使髋、膝和踝关节相继伸直。

（3）臂部动作。

①划水与抓水。开始时，手臂前伸内旋，掌心向外斜下方，两手分开向斜下方抓水。当手感到有压力时，便开始向侧、下、后内呈椭圆曲线划水。要求划水以肩为轴，动作连贯，肘部保持在比手高的位置。

②收手与伸臂。划水结束，臂由内向前收，两手相对，最后掌心向下并臂前伸；当两手收至下颌前下方时，借收手弧形惯性向前伸肘，两手靠近，掌心向下，见图6-2。

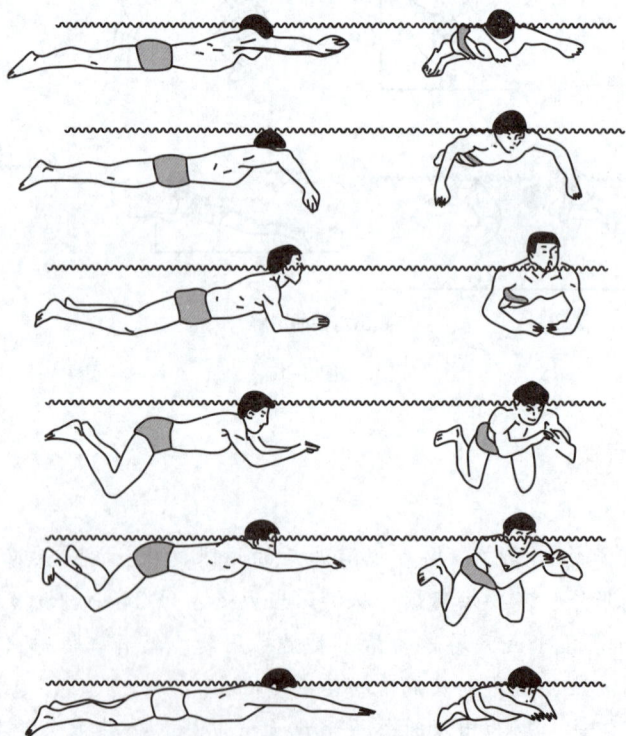

图6-2

（4）呼吸。呼吸要和臂的动作协调配合，划水结束时，抬头用鼻和口呼气，手臂划水时用口吸气，收手时低头闭气，伸臂时徐徐呼气。

（5）动作配合。蛙泳在一个动作周期时，一般采用一次呼吸、一次划水、一次蹬腿动作配合。臂划水时抬头吸气，收手前伸时，收腿并进行蹬夹水。

2. 蛙泳的练习方法（见图6-3）

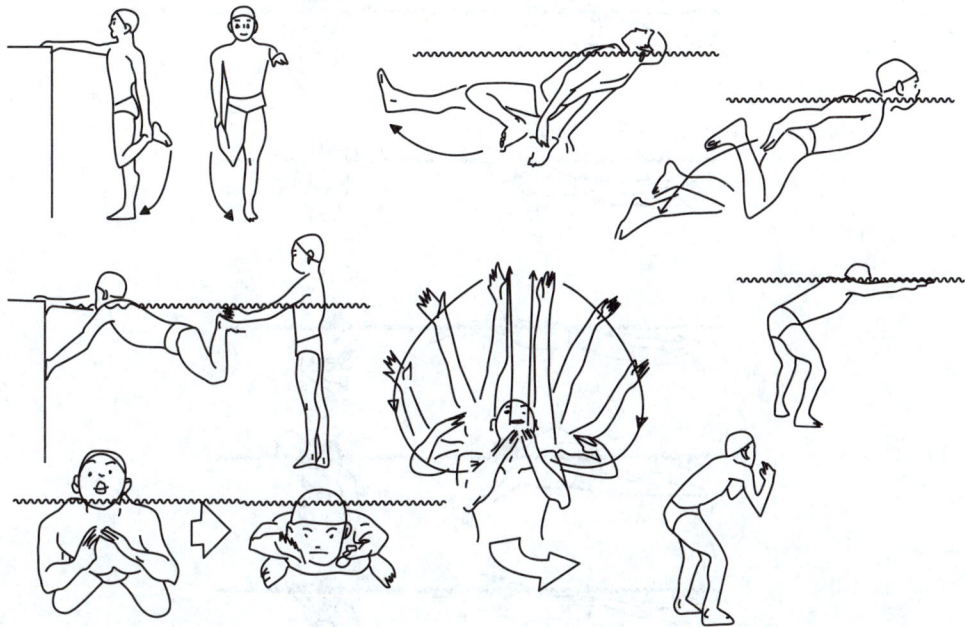

图6-3

三、学习自由泳

1. 自由泳技术（见图6-4）

（1）身体姿势。身体平直俯卧在水中，水齐前额，将头转向一侧吸气，游泳过程中，躯干围绕纵轴左右转动，头与身体的纵轴成20度~30度，身体纵轴与水平面成3度~5度。

（2）腿部动作。两腿自然伸直并拢，以髋为轴，由大腿带小腿做上下鞭状打水动作。两脚尖上下幅度为30~40厘米，大、小腿屈140度~160度。

（3）臂部动作。

①水下动作。手指伸直并拢朝下，划水到与肩垂直时屈肘，上臂内旋并带动小臂向后推水至大腿旁。要求掌心向后划，划水路线呈"S"形。

②水上动作。推水结束，立即向外上方提肘，把臂抽出水面，同时上臂内旋向前挥摆，手在肩前约30厘米处入水。

③两臂配合。一臂入水时，另一臂划水到头的前下方，与水平面约成30度。

（4）呼吸与动作配合（以头向右转为例）。右臂入水后闭气，划水时呼气，推水将结束时向右侧转头把余气呼出，并趁嘴露出水面，立即张嘴吸气，当右肘划出水面至肩部，吸气结束，继而转头复原。总之，一般是两臂各划水一次，做完一次呼吸。

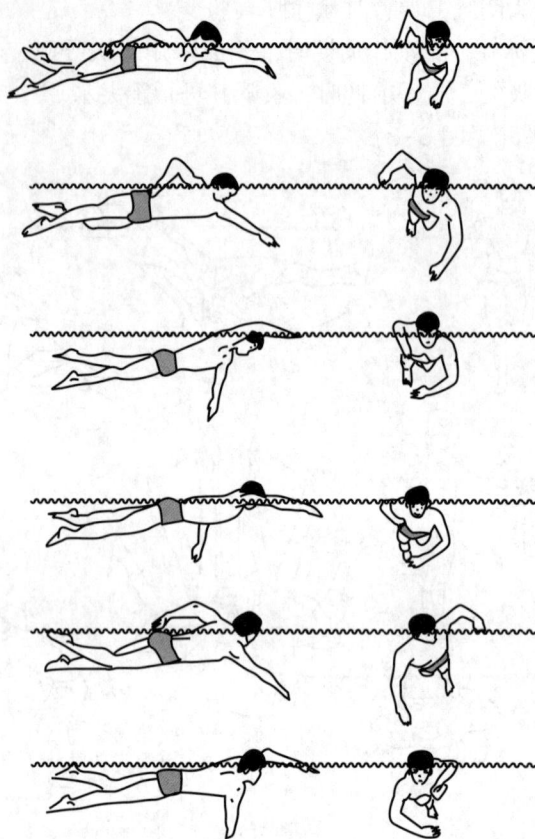

体育与健康（第3版）（附微课视频）

图 6-4

（5）完整动作配合。完整动作配合主要是腿、臂动作和呼吸协调的配合，一般采用两腿各打水 3 次（共 6 次），两臂轮流各划一次水（共 2 次），配合一次呼吸的完整动作，即以 6∶2∶1 的比例配合。

2. 自由泳的练习方法

自由泳的练习方法如图 6-5 所示。

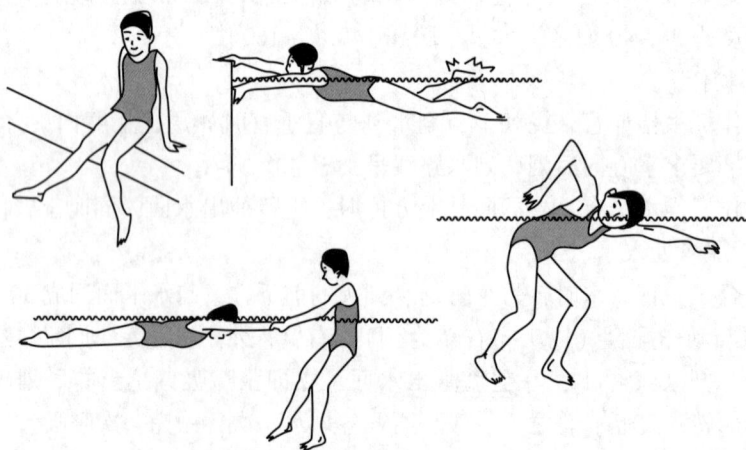

图 6-5

108

（1）陆上练习。俯卧在凳子上进行两腿打水练习；徒手进行划臂练习。

（2）池边和浅池练习。坐池边进行打水练习；手抓池槽进行打水练习；在齐腰水中站立，进行原地划水或边划边走动练习；站立在水中进行划臂和呼吸配合练习。

（3）水中练习。由同伴牵扶，边在水中滑行边进行打水练习；打水进行单臂划水练习；吸一口气，蹬池边滑行，先打水再进行臂、腿配合练习；蹬池边滑行打水，做一次完整的动作。

知识链接

仰泳与蝶泳

1. 仰泳

仰泳是用仰卧姿势游泳的泳式。仰泳的实用性强，适宜在水中拖运物体，救护溺水者。常用的仰泳方式有反蛙泳和反爬泳。反爬泳的速度最快，即两臂轮流划水，两腿上下交替打水。

仰泳的技术特点是：身体平衡，用力、有规则地上下打腿，手在头前入水，划水路线长而呈"S"形，垂直高移臂，中交叉配合。肩带的柔韧性和灵活性对掌握和提高反爬泳技术特别重要。

2. 蝶泳

蝶泳以游泳时两臂经空中前移像蝴蝶展翅而得名。由于蹬腿的蝶泳不如两腿模仿海豚上下波浪式击水的蝶泳速度快，故目前的蝶泳打腿均采用后一种技术，蝶泳是速度仅次于自由泳的泳式。

蝶泳的技术特点是：两臂屈臂划水，身体姿势高平、小波浪、快频率、晚呼吸。

四、水中救护

1. 施救与自救

水中救护是指在发生溺水险情时采取的一种应急措施，包括自我救护和他人救护两种。

（1）自我救护。

①游泳中自感体力不支，应立即取仰卧漂浮泳姿，向岸边或有浮动和固定支撑的目标靠近，同时发出求救信号。

②游泳中发生小腿肌肉痉挛，应及时仰卧水面，一手将膝盖下压伸直，一手握脚尖向身体方向拉，见图6-6（a）；如果胃部痉挛，则将两腿屈近腹部，随即伸直；大腿痉挛，则两手抱住小腿，使大腿与身体成90度，用力掰拉并加颤动，见图6-6（b）。

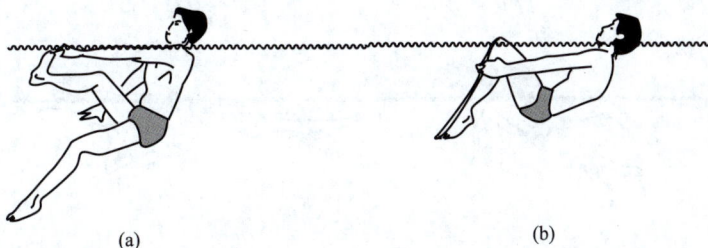

(a)　　　　(b)

图6-6

（2）他人救护。

①间接救护，是利用救生器材，如救生圈、竹竿、木板、绳索等进行施救。用救生器材施救时应系上一根绳子，救护者让游泳者抓住救生器材，救护者拖住绳头将其牵引上岸，见图6-7。

投掷救生器材 　　　　　　　　　　　　　　用竹竿救护

图6-7

②救护人须经训练才可实施直接救护，救护过程与方法如下（见图6-8）。

入水

接近

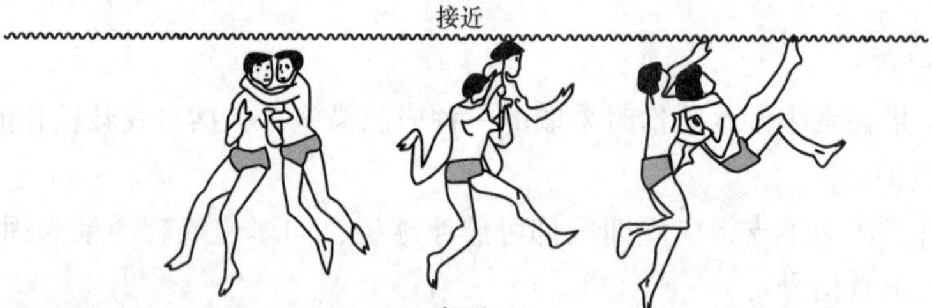

解脱

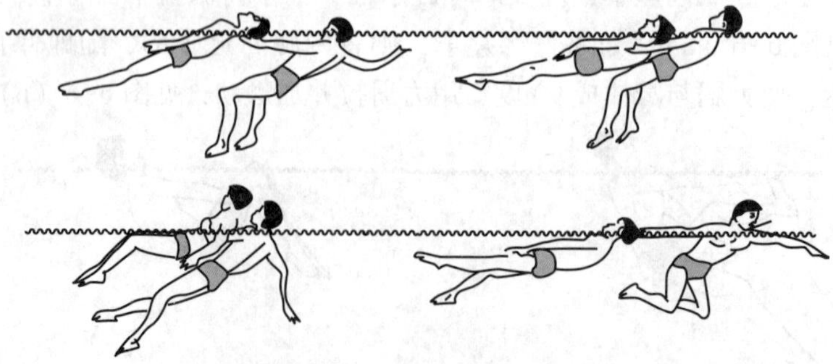

拖运

图6-8

上岸

图 6-8（续）

- 入水。在游泳池距溺水者较远时，可头先入水；在浅水或不明的水域时应一条腿向前伸直，另一条腿向后弯屈，而臂前平举跨跳入水，在较近处可屈腿、两臂抱膝团身入水。

- 接近。入水后立即快速浮起，用爬泳游至距溺水者 3 米左右时，用蛙式潜泳接近，抱髋将其转为背向自己，同时抬起溺水者使其头部露出水面。

- 解脱。双腕或小臂被溺水者抓住，应握拳向内或向外迅速翻腕解脱；单臂被抓则用另一只手解脱；被溺水者从背后拦腰抱住，可向两侧掰开溺水者手指；腰被溺水者从前面抱住，可一只手按住后腰，一只手托其下颌解脱；上体和双臂被抱，则握拳用双肘侧向顶开溺水者两臂，下滑解脱；颈部被抱应设法一只手抓溺水者手指下拉，一只手抬起肘部上推解脱。

- 拖运。从溺水者背后用双手托住溺水者腋窝或下颌，使其面部露出水面，用仰泳或反蛙泳拖运。若溺水者乱抓乱动，可用右手从溺水者右臂上方抓住其左腕，并以右臂顶托溺水者背部，用侧泳拖运。

- 上岸。在游泳池边，可右手握溺水者右臂并放其右手于岸边，自己上岸后再用左手握溺水者手腕提拉其上岸；在自然水域斜坡处，则将溺水者托在肩上涉水上岸。

2. 急救

救护溺水者上岸时，对失去知觉者应立即采取人工呼吸进行抢救，具体步骤如下。

（1）打开口腔，清除分泌物、淤泥、水草等杂物，使其呼吸道畅通。遇牙关紧闭者，救生者可在其身后用两只手拇指向前顶住其下颌用力前推，用两手食指和中指向下扳其下颌骨开启口腔；若有假牙应及时取出，检查舌头是否堵住呼吸道。

（2）排除腹水。提高被救者臀部略加抖动，或垫高被救者臀部并略压其胸部，使腹水及时排出，如图 6-9 所示。

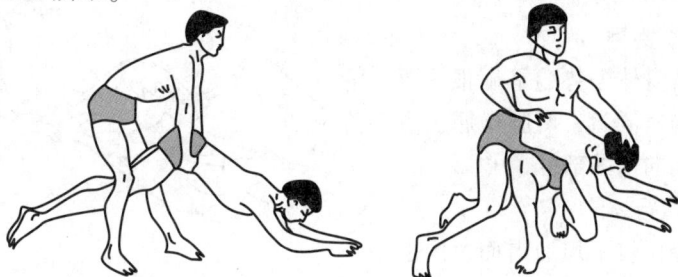

图 6-9

第三课　滑雪和滑冰

> 一个民族，老当益壮的人多，那个民族一定强；一个民族，
> 未老先衰的人多，那个民族一定弱。
>
> ——顾拜旦

应知导航

（1）掌握滑雪的基本技能。
（2）掌握滑冰的基本技能。

知识探究

冰雪运动是非常受欢迎的冬季运动项目，在我国北方尤其如此。经常参加户外冰雪运动，能促进心血管和呼吸系统机能的改善；增强腰、腿部肌肉的力量和各关节的灵活性、柔韧性；同时对增强抗寒、耐寒能力及人体的平衡能力有较大的作用。

凡是在冰面和雪地上进行的体育活动都可称为冰雪运动，包括滑冰、冰上舞蹈、冰球运动、掷冰壶等冰上运动，以及越野滑雪、高山滑雪、跳台滑雪、花样滑雪、滑雪橇等雪地运动。这里主要介绍常用的滑雪和滑冰技能。

一、滑雪技能

在广袤无垠、白雪皑皑的冰天雪地里，凭借一双滑雪板和一对滑雪杖，你就能成为"雪上飞人"，如图6-10所示。

1. 身体的基本姿势

滑雪时，保持身体姿势的平衡很重要。滑雪板分开，保持与肩同宽，两膝微屈，重心落在两足弓中间或稍向前的部位。

2. 两步交替滑行

初学者应选择比较平坦的雪面，像走路一

图 6-10

9

样练习两步交替滑行。熟练后可加大步幅和手臂摆动，并逐步过渡到滑行。借助滑雪杖增加推力并保持身体平衡。在后撑时，应尽量运用手臂和肩部的力量。

3. 两板同时推进滑行

滑雪分加速与滑行两个阶段。两支滑雪杖同时向前提起，身体前倾，将滑雪杖插入脚侧前方 20 厘米左右处，向后下方撑推使身体滑行。重复此动作，以保持滑行。

4. 犁式滑雪法

先在坡度较小的雪道，双脚呈内"八"字形，从高处滑下到停止，保持同一姿势降速滑行。身体重心向哪侧转移，则方向也随即向该侧转移，从而完成转弯动作。掌握转弯技术后，两板可平行向下滑行，加快下滑速度，或到坡度较陡的雪道进行练习。

知识链接

一般认为，滑雪运动起源并发展于斯堪的纳维亚国家。"回转（Slalom）"也是一个挪威词，意思是在倾斜的路面上滑行。国际滑雪联合会成立于 1924 年，北欧滑雪项目被列入了 1924 年在法国夏慕尼举行的第 1 届冬季奥运会。在世界滑雪运动中居领先地位的国家有斯堪的纳维亚各国，如挪威、瑞典、芬兰，还有阿尔卑斯山脉周围的国家，如法国、意大利、奥地利、德国和瑞士，以及美国、俄罗斯等。一般来说，斯堪的纳维亚国家在北欧滑雪项目上占优势，阿尔卑斯山脉国家在高山滑雪项目上占优势。

二、滑冰技能

我国的滑冰活动早在宋代就有记载，《宋史·礼志》称："幸后苑观花作冰嬉。""冰嬉"也就是滑冰。可见，在当时滑冰就已成为一项广受人们喜爱的体育活动。

滑冰运动包括速度滑冰、花样滑冰、冰上舞蹈等形式。花样滑冰因为其优美流畅的舞姿被誉为"冰上芭蕾"，但它对技术的要求较高。相对而言，更为普及的是滑冰运动中的速度滑冰。实用滑冰技能的应用价值虽比不上滑雪，但是它能有效提高人体的平衡能力和抗御寒冷的能力，对我国北方地区人民的生活与工作较为有利。

1. 基本技术练习

（1）站立。

两脚分开站立与肩同宽，用冰刀平刃着冰，上体稍前倾，两臂自然下垂，两膝微屈，身体重心落在两腿之间的两冰刀后半部，目视前方。

（2）移动重心。

取冰上站立姿势，两刀平行，身体重心交替落在左、右冰刀上。

（3）蹲起。

取冰上站立姿势，控制好冰刀不前后滑动，做蹲起练习。

（4）踏步。

取冰上半蹲姿势，做原地交替抬腿转换重心的练习。

（5）外"八"字走动。

取冰上站立姿势，两刀呈外"八"字，双腿交替缓慢向前迈步。

2．滑行练习

（1）单脚蹬冰双脚滑行。

取冰上站立姿势，一只脚用刀内刃蹬冰，同时将重心移到支撑滑行的腿上，蹬冰结束后，马上收回蹬冰腿并与滑行腿并拢向前滑行，速度下降后换另一条腿蹬冰。

（2）单脚蹬冰单脚滑行。

冰上站立姿势准备，一只脚用内刃开始蹬冰，同时将重心推移到支撑滑行的腿上，蹬冰结束后收腿滑行。速度下降后继续由原蹬冰腿着冰以提高速度。

3．直道滑跑技术

（1）准备。

上体前倾，肩背略高于臀部，头微抬起，眼视前方30~40米处，上体放松，两臂伸直，双手互握放于背后，注意在整个过程中身体重心既不要前探，也不要后坐。

（2）蹬冰。

蹬冰是推动身体向前滑进的动作，完整动作是依次伸展支撑腿的髋、膝、踝关节，从而获得一个向前滑进的水平加速度，见图6-11。

（3）浮腿。

蹬冰腿从结束蹬冰离开冰面到重新着冰前的动作称为浮腿动作，主要帮助身体重心向前移动、增加蹬冰力量并为下次蹬冰做准备。

（4）下刀。

下刀是以浮腿冰刀着冰到变换支点支撑重心、由浮腿变为支撑腿的动作。

蹬冰

图6-11

（5）惯性滑行。

惯性滑行是在一条腿蹬冰结束后，到另一条腿蹬冰开始之前，用单腿支撑身体借助惯性向前滑进的动作。

（6）摆臂。

在滑跑中通过两臂的摆动可增加蹬冰的力量，同时迅速有效地移动重心、提高滑跑频率。

4．弯道滑跑技术（见图6-12）

（1）准备。

采用身体向左倾斜的姿势，刀尖、切点保持在一个斜面内。肩略高于臀部，将重心放在冰刀后半部。

（2）蹬冰。

弯道蹬冰采用交叉步来滑跑，右腿用内刃，左腿用外刃向侧面蹬冰，蹬冰方向要与蹬冰腿滑进的切线相垂直。

图 6-12

（3）收腿。

在右腿结束蹬冰之后，右腿以大腿带动小腿，继续向左侧移动着冰。

（4）下刀。

右腿着冰时，右小腿不要向前摆跨，并注意膝盖前弓，使下刀的右腿与身体成一个倾斜面。

（5）惯性滑进。

弯道滑跑中，一侧腿支撑惯性滑进动作是以另一侧腿结束蹬冰起，到后者收至与前者靠近时止。

5. 冰上停止法

当要停止冰上滑动时，可采用以下 3 种方法。

（1）内"八"字停止法。

上体稍前倾，两膝微屈并内扣，上体后坐，重心向下降，用两刀内刃压冰，刀跟逐渐分开，呈"八"字。

（2）转体内外刃停止法。

两脚并拢，两刀平行向左（右）转体 90 度，同时后坐，上体前倾，身体向同侧倾斜，用右刀内刃、左刀外刃（或相反），逐渐加力压切冰面。

（3）转体右脚外刃停止法。

在滑进中，身体逐渐呈直立姿势，用右脚支撑，左腿抬离冰面，重心置于右腿上，同时身体快速向右转动，重心稍下降，身体向右侧倾斜，用右脚冰刀外刃压切冰面。

🔍 拓展阅读

冰上游戏

1. 打冰爬犁

打冰爬犁是北方青少年冬季喜爱的体育项目之一。特别是在人工冰橇场，从高处顺冰道快速下滑，更给人以欢乐、惊险与刺激的感觉，非常有利于培养勇敢、顽强、不畏严寒、勇于挑战的拼搏精神。在有坡的冰道或有雪的坡地上，可坐或趴在爬犁上顺坡下滑，用身体或腿的摆动来调整滑行方向。在没有坡的冰面上，则应先抱着爬犁助跑，获

得一定速度后，即迅速趴在爬犁上向前滑行。

2. 打雪地冰球

打雪地冰球的人数不限。2~12人分为两队进行比赛，以把冰球击入对方球门多者为胜，设不设守门员均可。

器械：冰球拍。用长60~100厘米的方木杆，一端钉上20厘米×5厘米×1厘米的小木板。

场地：长10~30米，宽5~15米的冰面或雪地，不需要画线，在场地两端，各放两块砖块等物充当球门。

冰球：可用橡胶冰球或水皮球、罐头盒、冰块等代替。

3. 溜冰趟

利用稍有坡度的自然冰道，或设法选择一个斜坡把它浇成冰道，然后在坡顶利用助力产生的惯性，顺势向下溜趟。可徒手做，也可脚绑竹片以减少摩擦力，加快滑行速度。

4. 助跑滑冰

选择冰上或坚硬光滑的雪地，先画一条起跑线，在其前方5米处画一条终点线，再每隔1米画若干条标识线。不穿冰鞋站在起跑线前数米，规定只能助跑4步，跑至起跑线处即双腿屈蹲滑行，滑得最远者获胜。

第四课　保龄球

理想的人是品德、健康、才能三位一体的人。

——高尔基

应知导航

（1）了解保龄球运动的比赛规则。

（2）掌握保龄球运动的基本技术。

知识探究

一、保龄球运动简介

保龄球运动起源于三四世纪的德国。14世纪，保龄球发展成为德国人民喜爱的体育项目。国际保龄球协会于1951年成立。1954年在赫尔辛基举行了第1次国际保龄球比赛。

保龄球运动集健身、娱乐、趣味和人际交往于一身，是一项比较时尚的运动。保龄球运动是全身性的运动，经常参加保龄球运动，对青年人身体的正常发育和匀称发展有很大益处。从事脑力劳动的人，以此自娱自乐，对恢复精力、消除疲劳、提高工作效率很有帮助。它的最大特点是不受年龄、性别的限制，社会各层面的保龄球爱好者都可以参与，是消除生活压力的运动方式之一。

知识链接

保龄球在我国的发展

19世纪下半叶，保龄球运动开始传入我国。19世纪末和20世纪初，在北京、上海、山东等地建有少量的保龄球馆。中华人民共和国成立后，上海、天津保留了少量的保龄球道。改革开放后，特别是20世纪90年代以来，保龄球项目在我国取得了较快的发展。

二、保龄球比赛规则简介

一局（GAME）保龄球分为10格，每格里有两次投球机会，如在第1次投球时全中，就不需要投第2球，每一格可能出现以下3种情况。

1. 失球

无论何种情况，在一格的2次投球时，未能全部击倒10个瓶，此格的分数为击倒的瓶数，未击中用一个"—"符号表示。

2. 补中

当第2次投球击倒该格第1球余下的全部瓶子时，称为补中，用一个"/"符号表示。补中的记分是10分加第1次投球击倒的瓶数。

3. 全中

当每一格的第1次投球击倒全部10个瓶时，称为全中，用一个"×"符号表示。全中的记分是10分（击倒的瓶）加该球员下2次投球击倒的瓶数。

但在第10格中情况比较特殊：如第2次投球未补中，则第10格得分为第9格得分加上第10格所击倒瓶数；如第2次投球补中，则追加一次投球机会，第10格得分为第9格得分加上10再加上追加的一次投球击倒的瓶数；如第1球为全中，则追加2次投球机会，第10格得分为第9格得分加上10，再加上追加的2次投球击倒的瓶数。因此，从第1~第10格的2次追加投球都为全中，则为12个全中，得分满分为300分。

三、比赛场地和器材

保龄球比赛场地由平滑的木板道构成，球道两侧有沟槽。球由硬胶和塑料混合制成，直径 0.216 米，有各种重量，以便因人而异进行选择，但最重不得超过 7.26 千克。球上有 3 个孔便于手指插入握球。

保龄球运动的基本技术

四、保龄球运动的基本技术

1. 握球技术

握球是投球的开始，握球的好坏直接影响投球的效果。对初学者来说，扎实的基本功将为熟练掌握保龄球技术打下坚实的基础。正确的握球方法应为拇指完全伸入指孔，中指、无名指伸入指孔到第二指节，见图 6-13。

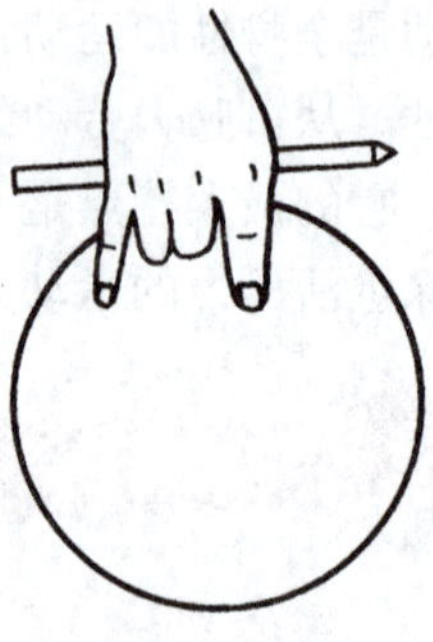

2. 跑滑步投球

4 步助跑滑步投球动作是由准备姿势、助跑摆臂、滑步回摆投球 3 个环节组成的（见图 6-14）。

（1）第 1 环节：准备姿势。面向瓶台，两脚前后开立，左脚在前，右脚在后，两脚之间距离约半个脚掌，先平稳地把身体重心移到左脚上。右手握球，左手助握，右手前臂弯曲成直角。球与臂轴在同一个平面内，目光注视前方。

图 6-13

（2）第 2 环节：助跑摆臂。准备姿势做好后，持球站立，应使球体的中心点与球道上某一目标箭头成一直线。初学者一般选用 2 号目标箭头，在整个助跑投球动作过程中，眼睛要始终盯着 2 号目标箭头。握球的右手臂在发力和球的惯性作用下，由前摆过渡到后摆，同时迈出右脚，左手继续外展，身体重心移到右脚。

（3）第 3 环节：滑步回摆投球。向下回摆手臂，同时迈出左脚前脚掌贴着地面向正前方滑进。为使左脚在前冲力的作用下能够向前滑行，脚跟不要承受重量。身体微微前冲，重心移至左脚形成一个弓箭步。

图 6-14

3. 握球摆动与放球

右手握球、左手助握，左右手同时把球向前推出至手臂伸直约 45 度，右手在球的重力作用下以肩为轴向前下方下摆、后摆、前摆、回摆至体侧时放球。放球时由拇指先行脱出指孔，中指、无名指向上钩提后脱出指孔。

4. 投直线球

投直线球时，应持球站在第 27 块木板边线上，与犯规线成 90 度投球，球通过 4 号目标箭头直击①号瓶。

5. 投斜线球

沿左脚内侧线站立，以⑤号瓶为落球点，③号瓶为基准，与①、③号瓶连线进行投球，力争以最大入射角获全中球。球瓶摆放位置如图 6-15 所示。

图 6-15

6. 曲线球

曲线球分自然曲线球、短曲线球、大曲线球（弧线球）、反曲线球（反旋球）等不同类型。曲线球既能增大入射角，又能使球旋转，提高击球全中率。

五、保龄球运动礼仪知识

保龄球馆（场）是文明、高雅的体育娱乐场所。保龄球运动的礼仪是大家必须自觉遵守的礼节和仪式。

（1）进入投球区时，必须更换保龄球运动专用鞋。

（2）等到瓶全部放置完成之后再投球。

（3）不可随便进入投球区。

（4）先让已经准备好投球姿势的人投球；在遇到同时进入投球动作的情况时，由右边的人优先进行投球。

（5）在投球区，投球的预备姿势不可太久；投球动作结束之后，不可长时间地留在投球区。

（6）不可投出高球。

（7）不可干扰正在投球的人的注意力及在投球区挥动保龄球。

（8）成绩不好，不可怪罪球道情况不好。

（9）不可批评别人的缺点。

（10）不可把水洒落在投球区。

第五课　　台球

在我们劳动人民的国家内，需要千百万身体健壮、意志坚强、勇敢无畏、朝气蓬勃、坚韧不拔的人。

——列宁

（1）掌握台球运动的基本技术。

（2）熟悉美式台球和斯诺克台球比赛规则的区别。

知识探究

台球运动已有 600 多年的历史，最早的台球叫桌球，无袋。早期的台球用黄金和木料制成，后来改用象牙，价格很高，是一种贵族的娱乐运动。

现今，台球种类很多，除美式台球、法式台球、英式台球（包括斯诺克台球）外，还有其他各种台球。美式台球即花色号码球，是美国人发明的，所以盛行于美国，并流行于日本等国家与地区。斯诺克台球盛行于英国、爱尔兰、加拿大、澳大利亚、印度等国家和地区。目前，美式台球和斯诺克台球在世界上较为流行。

台球运动于 19 世纪传入我国，20 世纪初，我国的上海、天津、北京等大城市都成立了台球协会。

台球运动是一项老少皆宜、富有休闲性又具有知识性的桌上球类活动。它需要精确的计算，要求对心态与肌肉有自控意识，可以锻炼人的坚韧性格。台球这一运动不要求有特别强健的身体，所以适合各年龄段的人。

知识链接

台球"神童"丁俊晖

丁俊晖 8 岁接触台球，13 岁获得亚洲邀请赛季军，从此"神童"称号不胫而走。丁俊晖打球沉着稳健，善于思考，控制细腻。职业生涯共获得 14 次排名赛冠军、2 次世界斯诺克球员巡回锦标赛分站赛冠军以及 1 次温布利大师赛冠军，共打出 6 次单杆 147 分。

一、台球运动的基本技术

1. 击球前的准备姿势

击球前的准备姿势包括架杆、后手握杆以及身体姿势。

（1）前手架杆。

前手架杆有很多种方法，在此只介绍两种最基本的架杆方法。

第 1 种：首先将做架台的前手五指轻轻分开摆于台盘上，然后食指弯曲，指尖按在中指第二关节的侧部，拇指再轻轻接触食指的指尖，其余三指如同掌中握有一个小球而适度分开；这样，球杆就可以架在食指与中指、拇指做成的空当中，空当与球杆所成的角度接近 90 度。

第 2 种：先将手掌紧按在台盘上，然后把拇指以外的其余四指分开，手背弓起，拇指翘起与手指的背峰成一个夹角，球杆就架在这个夹角里，如图6-16所示。

（2）后手握杆（见图6-17）。

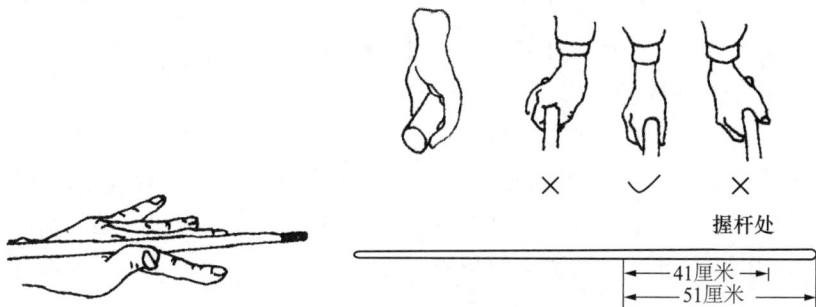

图6-16

图6-17

后手握杆技术中重要的是选择好握杆的位置。开始时要找到球杆的重心，把球杆放在手指上滑动，直到两边平衡，即杆柄一边与杆头一边质量相等，再把手从重心点向后移动8~15厘米，握住球杆。如果握得太靠前，动作会受到限制施展不开；如果握得太靠后，肢体过于前伸，也会因姿势不正确而打不好球。握杆的手不能紧握或紧紧抓住球杆，而应像轻轻拿杯把那样，只用拇指和前三个手指拿着球杆。

（3）身体姿势（见图6-18）。

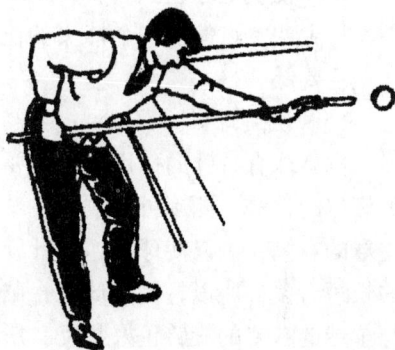

图6-18

以右手握杆，左手架杆为例。根据主球的位置，身体与球台的距离应有所变化。身体重心在两脚之间，这种姿势可使右臂自如摆动。左臂应尽量伸直做成台架，右膝略微弯曲，身体可随着击球的动作向前。好的击球姿势中，球员的身体是平衡的，动作轻松灵活，球员的面部、球标和目标球成一直线。

2. 台球运动的基本术语

（1）主球。

主球也叫本球、母球、攻击球，指总是被球杆杆头所击而在滚动中撞击其他球的那个球。

（2）目标球。

目标球是成为主球撞击目标的球。主球先撞击到的叫第1目标球，后撞击到的叫第2目标球，以此类推。

（3）偏球、厚球、薄球。

主球撞击目标球的侧部叫偏球，其中多于半个球体的叫厚球，少于半个球体的叫薄球。

（4）入袋。

入袋指在不犯规的情况下，目标球受到主球的撞击后落入球袋。

（5）开球区。

开球区指球台上专为开球之用的半圆形区域。

3. 击球技术

台球推杆击球的目的，都是通过球杆的运动推动主球准确地击打目标球入袋，并能主动停在击打下一目标球入袋的适宜位置上。所以，熟练地掌握击球技术是把目标球送进球袋的前提和保证。击球的技术主要有以下几种。

（1）试杆和推杆击球。

在击球前应预先考虑击中目标球后主球的前进路线和停球位置。每次击球前，要把巧克粉轻轻擦在杆上并有节奏地试杆2~3次。击球姿势是面对着球，两脚稍向右转，手臂、手腕放松，集中注意力。在击球时要合理控制击球的速度和力量，瞄准击球，把目标球击进球袋的同时，把主球送到适宜位置。

（2）定球。

定球就是让主球击中目标球后，停在目标球原来的位置上。要想打出定球，在击球时必须打在主球的中心点上。

（3）跟球。

跟球是让主球击中目标球后，仍朝目标球运动的方向前进，就像跟随目标球一样。要想打出跟球，击球点必须在主球中心点偏上一个杆头的位置，使球产生上旋动作。

（4）缩球。

缩球就是主球碰到目标球后向后滚动。缩球与跟球的运动方向相反，所以在击球时，必须打主球中点偏下一个杆头的位置，使主球产生下旋动作。要想打出明显的缩球，击球点一定要低。

（5）侧旋球。

侧旋球有特殊的作用。当需要从根本上改变主球或目标球前进路线的时候，就要使用侧旋球的打法。侧旋可以改变主球到目标球之间的路线，改变主球碰岸后的反弹角度。击主球的右侧，可以使球按逆时针旋转（即右旋球），球的行进曲线向右。线路的曲度与距离的长短有关，所以打侧旋球时，瞄准长距离的目标球，要考虑到主球的曲线。击球的左侧与击球的右侧的旋转正好相反，所不同的是，左旋球碰岸后球速会降低，偏离角度要小。

二、台球运动比赛规则简介

1. 美式台球（9球制）

（1）美式台球简介。

美式台球又称9球制台球，属于台球的一个重要流派，是在法式台球和英式台球之后形成的一种新风格。近些年来，美式台球与法式台球和英式台球并驾齐驱，广泛地流行于西半球和亚洲东部。美式台球还具有大众化、普及化的特点，具有很强的生命力。

（2）美式台球比赛规则。

9球制台球比赛中，双方共同使用1个主球和1~9号目标球。开球时，首先要从号码最小的目标球开始打，要按号码的大小，依次将9号球以外的目标球击入网袋内，最后再打9号目标球。先将9号目标球打入袋内的一方获胜。没有犯规的情况下，主球停在哪里就要从哪里继续击打。比赛出现犯规时，对手可将主球放在自选位置重新开球。

2. 斯诺克台球

（1）斯诺克台球简介。

"斯诺克"是从英文"Snooker"音译而得，其含义为"障碍"，它属于英式台球的一种。在斯诺克台球比赛中，选手不仅可以自己击球入袋得分，而且可以有意打出让对方无法施展技术的障碍球，从而使对方击不中球而受到罚分。因此，斯诺克台球赛竞争激烈，趣味无穷。

（2）斯诺克台球比赛规则。

斯诺克台球比赛所用的球有白球（1个）、红球（15个）和其他颜色球（6个）。每种颜色球分别代表一个分支，红色球均为1分，黄、绿、棕、蓝、粉、黑球分别为2分、3分、4分、5分、6分、7分。入袋的球分值为该队员的得分，罚分累计在对方得分上，一局赛结束后，得分高者为胜。

第六课　极限运动

日复一日地坚持练下去吧，只有适量活动才能保持训练的热情和提高运动的技能。

——塞涅卡

应知导航

（1）掌握攀岩运动的技巧。
（2）了解蹦极运动的方式。
（3）了解定向运动的发展和方式。

极限运动

知识探究

极限运动是指人类在与自然融合的过程中，借助现代高科技手段，最大程度地发挥自我身心潜能，向自身挑战的体育运动。它除了追求竞技体育的超越自我，追求"更高、更快、更强"的精神外，更强调参与和勇敢，追求在跨越心理障碍时所获得的愉悦感和成就感。同时，它还体现了人类返璞归真、回归自然、保护环境的美好愿望，因此，被世界各国誉为"未来体育运动"。

极限运动的许多项目都是近几十年才诞生的，极限运动根据季节可分为夏季运动和冬

季运动两大类，运动领域涉及海、陆、空多维空间。主要比赛和表演项目有难度攀岩、速度攀岩、空中滑板、高山滑翔、滑水、激流皮划艇、摩托艇、冲浪、水上摩托、蹦极跳、滑板（轮滑、小轮车）的 U 台跳跃赛和街区障碍赛等运动项目。

极限运动的兴起，使人们逐步离开传统的体育场馆，走向荒野，纵情于山水之间，向大自然寻求人类生存的本质意义。置身户外，以冒险形式所展现的极限运动赋予人们超越自我、挑战极限的机会。它使人们抛弃了现代文明带来的舒适与懒惰，拥有了与自然共存的能力，充分体会到一种回归人的本性与初衷、检验人的智慧与力量的乐趣。

一、攀岩

攀岩出现的时间很早，1947 年，苏联率先成立了攀岩委员会，并于 1948 年在国内举办了首届攀岩锦标赛。从此，攀岩风行欧洲，吸引了越来越多的爱好者。1987 年，中国登山协会派出若干名登山运动员去日本系统地学习攀岩，同年 10 月，协会在北京怀柔水库自然岩壁举办了第 1 届全国攀岩比赛。1995 年，攀岩比赛被国家体育运动委员会列入正式比赛项目。随着比赛的增加，攀岩运动逐渐在国内推广并开始流行。

1. 攀岩装备

（1）安全带：攀岩有专用的安全带（登山用的安全带也可）。

（2）下降器："8"字环下降器是普遍使用的下降器。

（3）安全铁锁和绳套：攀登过程中、休息或进行其他操作时用于自我保护的装备。

（4）攀岩鞋：一种摩擦力很大的专用鞋，穿上后可以节省很多体力。

（5）镁粉和粉袋：手出汗时，抹一点粉袋中的镁粉，可防止攀岩中出现手滑。

（6）绳子：攀岩一般使用 9~11 毫米的主绳。

（7）铁锁和绳套：用于连接保护点，是下方保护攀登时必备的器械。

2. 攀岩技巧

（1）穿好装备后要请教练检查，最好请教练帮忙系"双八结"或"水手结"，这样会比较安全。

（2）攀爬时，身体应尽量贴近岩壁，以节省力气。脚要横踩岩点上的小窝，可有效防滑脱。

（3）手脚轮流用力可节省体力。

（4）下降时面向岩壁，四肢伸开，防止与岩壁碰撞造成伤害。

（5）攀岩时宜穿小半号的薄底鞋。

知识链接

攀岩的基本要领

（1）抓：用手抓住岩石的凸起部分。

（2）抠：用手抠住岩石的棱角、缝隙和边缘。

（3）拉：在抓住前上方牢固支点的前提下，小臂贴于岩壁，抠住岩石缝隙或其他地形，以手臂和小臂使身体向上或向左右移动。

（4）推：利用侧面、下面的岩体或物体，以手臂的力量使身体移动。

（5）张：将手伸进缝隙里，用手掌或手指屈曲张开，以此抓住岩石的缝隙作为支点，移动身体。

（6）蹬：用前脚掌内侧或脚趾的蹬力把身体支撑起来，减轻上肢的负担。

（7）跨：利用自身的柔韧性，避开难点，以寻求有利的支撑点。

（8）挂：用脚尖或脚跟挂住岩石，维持身体平衡，使身体移动。

（9）踏：利用脚前部下踏较大的支点，减轻上肢的负担，移动身体。

二、蹦极跳

蹦极跳来源于南太平洋岛国瓦努阿图（Vanuatu）的一种成年仪式。几百年前的瓦努阿图男人必须经受住高空悬跳的考验，才能算是成年。他们用藤条捆住双腿，从35米高的木塔上往下跳，在离地面几英寸时突然停止。然后，全村男女老少围着他载歌载舞，庆祝他成功通过了成年的考验。

新西兰人成立了世界上第一个反弹跳跃协会，并在1988年首次向社会公开展示高空悬跳，从此开始大力推广这一运动。到目前为止，世界上有很多国家都已建立了蹦极跳运动基地，如新加坡、日本、加拿大、澳大利亚以及一些欧洲国家。1997年5月18日，蹦极跳首次传入中国，在中国逐渐发展起来。

蹦极运动可分为以下3种形式。

（1）桥梁蹦极。在桥梁上伸出一个跳台，或在悬崖绝壁上伸出一个跳台。

（2）塔式蹦极。主要是在广场上建造一个斜塔，然后在斜塔上伸出一个跳台。

（3）火箭蹦极。顾名思义，人像火箭一样向上弹起，然后上下弹跃。

蹦极跳作为一项勇敢者的运动，能极大地锻炼一个人向困难与恐惧挑战的勇气，将倍增一个人事业成功的信心。只要心理健康、身体状况良好，男女老幼均可参加。完成这勇敢的一跳后，所获得的那种成功的满足、自豪与喜悦之情是难以言表的。

三、定向运动

定向（Orienteering）一词起源于1886年的瑞典，那里森林和湖泊广布的复杂地势使地图和指南针显得尤为重要。久而久之，一套自娱自乐的游戏规则便约定俗成，即定向运动。真正的定向运动比赛最早于1895年在瑞典首都斯德哥尔摩的军营区、挪威首都奥斯陆的军营区举行。此后，这项运动在北欧国家蓬勃发展。最大型的一次定向运动比赛是1998年在瑞典举行的，当时有3.9万人参加。

国际定向越野联合会（International Orienteering Federation，简称IOF），在1977年获得国际奥运会的承认。

在中国，开展定向运动最早的地区是香港。1983年3月定向运动才传到内地，当时将广州白云山作为军事院校的试点训练基地。定向运动按运动方式可分为徒步定向越野和借

助交通工具定向两大类。徒步定向越野又分为一般定向越野、五日定向越野、夜间定向越野、积分定向越野、接力定向越野等。借助交通工具定向可分为水上定向（如乘船定向、独木舟定向等）、陆地定向（如滑雪定向、骑马定向等）两大类。

在定向越野中，运动员凭借对地图的识别和使用能力，依据组织者预先设计的图上路线，借助指南针和地图保证运动方向，在野外徒步赛跑，依次到达各个检查点，分别用检查点标上的密码夹（或印章）在随身携带的检查卡相应的位置上做标记，以示到达该点。运动员按顺序通过各检查点，然后到达终点。在准确通过各检查点的前提下，以全程耗时最少者为优胜。据国外有关资料记载，参加定向越野比赛的年龄最大者有90岁，最小者只有8岁。这项运动不受年龄限制，也无固定场地限制，而且，定向运动首先注重的是智力和野外生存的知识，其次才是体力。

定向运动是一项融趣味性、知识性、竞争性、新潮别致性于一体的运动方式。定向运动所必需的五大基本技能是：换算比例尺、认识等高线、判定方向、标定地图、确定站立点。

学以致用

（1）简述水上直接救护的基本方法。
（2）滑冰技能的基本技术练习包括哪些？
（3）你了解保龄球比赛的规则吗？
（4）美式台球与斯诺克台球的比赛规则有何不同？
（5）人在大自然中进行极限运动有什么价值？

我国五千年的悠久历史孕育出无数的传统瑰宝，这其中就包括源远流长的中华武术。它具有极其广泛的群众基础，是我国劳动人民在长期的社会实践中不断积累和丰富起来的、流传至今的一项宝贵的文化遗产。

通过"踢、打、摔、拿、跌、击、劈、刺"等动作的锻炼，不仅可以强健身体，使速度、力量、灵敏度和耐力等身体素质得以提高，而且可以使人掌握一些基本的防身和自卫的本领。

防身篇
——传统体育的瑰宝

第一课 武术

运动是一切生命的源泉。

——达·芬奇

应知导航

（1）了解武术的发展和保健作用。
（2）掌握武术的基本动作和练习方法。

知识探究

武术的起源可以追溯到原始社会。那时，人类为了自卫和猎取食物，已经开始用棍棒等原始工具与武器同野兽进行斗争。后来，阶级社会的产生使人类之间的攻防本领成为必需的社会技能，促进了以攻防格斗为原始目的的武术运动的发展。在现代社会中，武术逐渐由实用的攻防本领转变为强身健体的锻炼手段。坚持武术锻炼能有效地增强体质，可发展速度、力量、灵敏、耐力、柔韧等身体素质，同时也能培养勇敢顽强、坚韧不拔的意志品质。

武术运动内容丰富且不太受地点和季节的限制，可供不同年龄、性别、职业和爱好的人根据自己的情况进行练习，是中职学生可以进行重点学习的项目。

一、武术的基本动作和练习

武术的动作和套路很多，流派也很多，但都是由一些基本的动作组成的，所谓万变不离其宗，只要掌握好这些基本动作，组合是可以多变的。

1. 手的基本动作
（1）手型（见图7-1）。
（2）手法（见图7-2）。

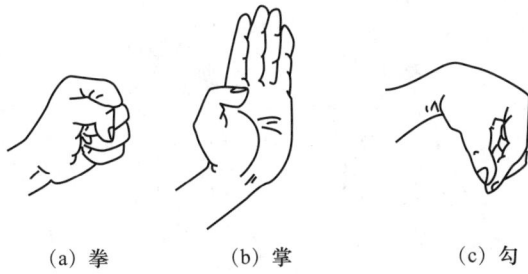

(a) 拳　　　　　(b) 掌　　　　　(c) 勾

图 7-1

(a) 架拳　　　　　(b) 推掌　　　　　(c) 亮掌

(d) 抱拳　　　　　(e) 冲拳

图 7-2

2. 腿、脚基本动作（见图 7-3）

(a) 弓步　　(b) 马步　　(c) 虚步　　(d) 仆步　　(e) 歇步

图 7-3

3. 腿、脚基本动作的练习（见图 7-4）

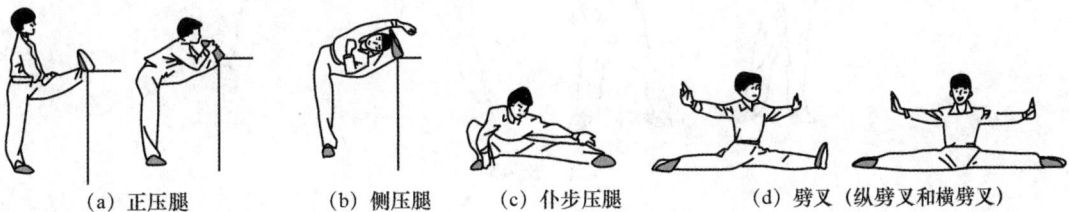

(a) 正压腿　　　(b) 侧压腿　　　(c) 仆步压腿　　　(d) 劈叉（纵劈叉和横劈叉）

图 7-4

(e) 正扳腿　　　　　　　　　　　　　(f) 侧扳腿

(g) 正踢腿　　　　(h) 斜踢腿　　　　(i) 侧踢腿　　　　(j) 蹬腿

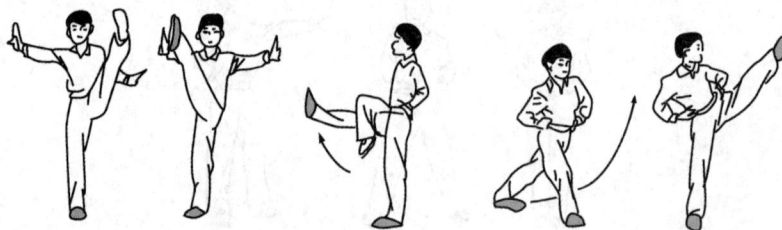

(k) 外摆腿　　(l) 里合腿　　(m) 弹腿　　　　(n) 侧踹

(o) 腾空飞脚

(p) 旋风脚

图7-4（续）

4. 腰的基本动作（见图 7-5）

（a）前俯腰   （b）下腰   （c）涮腰

图 7-5

二、武术基本动作的组合练习

1. 组合练习之一

预备姿势：并步抱拳，头向左转，眼看左前方。

（1）拗弓步冲拳（见图 7-6）：左脚向左迈出一步成弓步，同时左手向左平搂并收回腰间抱拳，身体左转，右拳向左前冲拳成平拳，目视左前方。

（2）弹踢冲拳（见图 7-7）：重心前移，右腿向前弹踢，同时左拳由腰间向前冲拳成平拳，右拳收回腰间，目视前方。

（3）马步架打：右脚落地身体向左转体 90 度，两腿下蹲成马步，同时左拳变掌屈腕上架，右拳由腰间向前冲拳成平拳；头部右转，目视右前方。

（4）歇步盖冲拳：左脚向右脚后插一步，同时右拳变掌经头上向左下盖，掌外沿向前，身体左转 90 度，左掌收回腰间抱拳，目视前方；两腿屈膝下蹲成歇步，同时左拳向前冲出成平拳，右掌变拳收回腰间。

图 7-6   图 7-7

（5）提膝仆步穿掌：两腿起立身体左转，随即左拳变掌手心向下，右拳变掌手心向上，右掌由左手手背上穿出，同时左腿提膝，左手顺势收至右腋下，目视右手。

（6）仆步穿掌（见图 7-8）：左脚落地成左仆步，右掌方位不变，左手掌指朝前沿左腿内侧穿出，目视左掌。

（7）虚步挑掌（见图 7-9）：左腿屈膝前弓，右脚向前上方蹬地成右虚步，同时左手向上、向后划弧成正勾手略高于肩，右手由后向上、向前顺右腿外侧向上挑掌，右手手掌掌心指向上高于肩，目视前方。

收势（见图 7-10）：两脚靠拢，并步抱拳。

如继续练习，可动作相同、方向相反。

图 7-8　　　　　　　　　　　　图 7-9　　　图 7-10

2. 组合练习之二

预备姿势（见图 7-11）：立正姿势站好，脚跟并拢，眼平视正前方。两手握拳，屈肘抱于两腰侧，拳心朝上，头向左转，眼看左侧前方。

（1）马步双劈拳（见图 7-12）：两拳下落至腹前交叉，同时左脚向左横跨出约三脚，两臂由腹前上举经头部向身体两侧劈拳，成马步双劈拳，眼看左拳。

图 7-11　　　　　　　　图 7-12

（2）拗弓步冲拳（见图 7-13）：右脚掌、左脚跟碾地，上体左转成左弓步，左拳收至腰间，拳心向上，同时右拳向前立拳冲击，眼看前方。

（3）弹踢冲拳（见图 7-14）：左腿直立支撑，右拳收至腰间，拳心向上，同时弹右腿、冲左拳成立拳，眼看前方。

图 7-13　　　　　　　　图 7-14

（4）马步上架冲拳（见图 7-15）：右脚下落成马步，同时左拳上架于头的左上方，右拳由腰间立拳冲出，眼看右拳。

（5）转身弓步顶肘（见图7-16）：以右脚为轴身左后转180度成弓步，同时左臂由体前画弧架于头的左上方，左拳变掌，右臂屈臂顶肘，右拳平握于右腋前，头向右转，眼看右前方。

图7-15　　　　　　　　　　　　　　　图7-16

（6）提膝双砸拳（见图7-17）：右脚提膝站立，右拳不动，左臂屈臂握拳于胸前，眼看双拳。两臂经头部向下双砸拳，眼看右拳。

（7）震脚弓步双推掌（见图7-18）：两臂由体前按掌收至腹前，同时震右脚、抬左脚，眼看前方。左脚向前落步成左弓步，两臂由腹前向前双推掌，眼仍看前方。

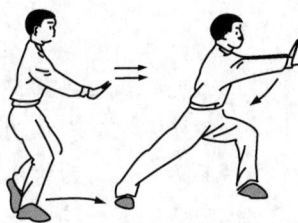

图7-17　　　　　　　　　　　　图7-18

（8）回身弓步推掌（见图7-19）：左掌方位不动，上身从右向后回转成右弓步，同时右掌收至腰间并向前推掌，眼看右掌。

（9）虚步砍掌（见图7-20）：右掌收回抱拳于腰间，上体右转90度正对前方，同时左臂由体后向体前平砍，成右虚步砍掌，眼看前方。

（10）右架掌踢腿（见图7-21）：左掌握拳至腰间，右腿直立支撑，同时右臂架于头的右上方，左腿向前额外猛踢，眼看前方。

（11）左架掌踢腿（见图7-22）：右掌握拳收至腰间，左腿向下落步支撑，同时左臂架掌于头的左上方，右腿向前额外猛踢，眼看前方。

图7-19　　　　　　图7-20　　　　　　图7-21　　　　　　图7-22

（12）弓步推掌（见图7-23）：右腿下落成右弓步，同时左掌握拳收至腰间，右拳由腰间向前立掌推出，眼看右掌。

收势（见图7-24）：右掌握拳收至腰间，收右腿呈并立步抱拳，头向左转，眼看前方。两手下落呈立正姿势。

图7-23   图7-24

十八般兵器

中国历史上出现的长短兵器、暗器以及诸般罕见的奇门兵器，显然不计其数。然而为何只提十八般兵器呢？有人认为，十八般兵器是个约数，是指兵之多。也有人随口凑出十八种兵器名称，便指为十八般兵器。其实在历史上，十八般兵器的含义很多，虽然几经演变，但它还是有个较为规范的选择与排列的。

中国的古兵器到了汉代已发展到百余种。每一种兵器都有各自的用法。兵器的种类多固然是好事，然而在当时，主要用于军事活动的兵器，要的是简便实用，易学易练。如果要用以武装众多的士兵，就要求兵器易于制造，便于携带，同时还应考虑步兵、骑兵之间的通用性。汉武帝元封四年（公元前107年），经过严格的挑选和整理，筛选出以下18个类型的兵器：矛、镗、刀、戈、槊、鞭、锏、剑、锤、抓、戟、弓、钺、斧、牌、棍、枪、叉。这便是历史上有名的汉武帝钦定的十八般兵器。

到了三国时代，著名的兵器鉴别家吕虔，根据兵器的结构，对十八般兵器重新排列，分为九长九短的18个单件兵器。九长为刀、矛、戟、槊、镗、钺、棍、枪、叉；九短为斧、戈、牌、箭、鞭、锏、剑、锤、抓。

明正德年间，人们对十八般兵器又重新研究确定，并沿袭至今，即刀、枪、箭、戟、斧、钺、钩、叉、镗、棍、矛、槊、棒、鞭、锏、剑、锤、抓。但目前列为武术比赛项目的只有刀、剑两种短兵器和枪、棍两种长兵器。实际上，除以上4种兵器外，其他一些兵器自唐朝以后就很少使用，多为象征皇权威仪的卤簿仪仗，或排列在威武架上作为陈设。

第二课　太极拳

　　一个埋头脑力劳动的人，如果不经常活动四肢，那是一件极其痛苦的事情。

——列夫·托尔斯泰

应知导航

（1）了解练习太极拳对身体的保健作用。
（2）掌握简化太极拳（24式）的动作要领。

知识探究

　　太极拳是一种柔和、缓慢的拳术，动作圆活并处处带有弧形，运动前后贯串。练习太极拳，对中枢神经系统、呼吸和心脏血管系统、消化系统、骨骼肌肉及运动器官都有良好的作用。再加上它要求意识引导动作，配合均匀深沉的呼吸，练习之后，周身血脉流通而又不气喘，身心舒适，精神焕发。

　　下面介绍简化太极拳（24式）的动作要领。

一、起式

　　（1）身体自然直立，两脚开立，与肩同宽，脚尖向前；两臂自然下垂，两手放在大腿外侧，眼向前平看。

　　（2）两臂慢慢向前平举，两手高与肩平，与肩同宽，手心向下。

　　（3）上体保持正直，两腿屈膝下蹲；同时两掌轻轻下按，两肘下垂与两膝相对，眼平视前方。

　　起式动作如图7-25所示。

二、左右野马分鬃

　　（1）上体微向右转，身体重心移至右腿上；同时右臂收在

图7-25

胸前平屈，手心向下，左手经体前向右下画弧放在右手下，手心向上，两手心相对成抱球状；左脚随即收到右脚内侧，脚尖点地，眼看右手。

（2）上体微向左转，左脚向左前方迈出，右脚跟后蹬，右腿自然伸直，成左弓步；同时上体继续向左转，左、右手随转体慢慢分别向左上、右下分开，左手高与眼平，肘微屈；右手落在右胯旁，肘也微屈，手心向下，指尖向前，眼看左手。

（3）上体慢慢后坐，身体重心移至右腿，左脚尖翘起，微向外撇（45度~60度），随后脚掌慢慢踏实，左腿慢慢前弓，身体左转，身体重心再移至左腿；同时左手翻转向下，左臂收在胸前平屈，右手向左上画弧放在左手下，两手心相对成抱球状；右脚随即收到左脚内侧，脚尖点地，眼看左手。

（4）右腿向右前方迈出，左腿自然伸直，成右弓步；同时上体右转，左、右手随转体分别慢慢向左下、右上分开，右手高与眼平（手心斜向上），肘微屈；左手落在左胯旁，肘也微屈，手心向下，指尖向上，眼看右手。

左右野马分鬃动作如图 7-26 所示。

图 7-26

三、白鹤亮翅

（1）上体微向左转，左手翻掌向下，左臂平屈胸前，右手向左上画弧，手心转向上，与左手成抱球状，眼看左手。

（2）右脚跟进半步，上体后坐，身体重心移至右腿，上体先向右转，面向左前方，眼看右手；然后左脚稍向前移，脚尖点地，成左虚步，同时上体再微向左转，面向前方，右手、左手随转体慢慢向右上、左下分开，右手上提停于右额前，手心向左后方，左手落于左胯前，手心向下，指尖向前，眼平看前方。

白鹤亮翅动作如图 7-27 所示。

图 7-27

四、左右搂膝拗步

（1）右手从体前下落，由下向后上方画弧至右肩外侧，肘微屈，手与耳同高，手心斜向上；左手由左下向上，向右下方画弧至右胸前，手心斜向下；同时上体先微向左再向右转；左脚收至右脚内侧，脚尖点地，眼看右手。

（2）上体左转，右脚向前（偏左）迈出成左弓步；同时右手屈回由耳侧向前推出，高与鼻尖平，左手向下由左膝前搂过落于左胯旁，指尖向前，眼看右手手指。

（3）右腿慢慢屈膝，上体后坐，身体重心移至右腿，左脚尖翘起微向外撇，随后脚掌慢慢踏实，左腿前弓，身体左转，身体重心移至左腿，右脚收到左脚内侧，脚尖点地；同时左手向外翻掌，由左后向上画弧至左肩外侧，肘微屈，手与耳同高，手心斜向上；右手随转体向上、向左下画弧落于左胸前，手心斜向下，眼看左手。

左右搂膝拗步动作如图 7-28 所示。

图 7-28

五、手挥琵琶

右脚跟进半步，上体后坐，身体重心转至右腿上，上体半面向右转，左脚略提起稍向前移，变成左虚步，脚跟着地，脚尖翘起，膝部微屈；同时左手由左下向上挑举，高与鼻尖平，掌心向右，臂微屈；右手收回放在左臂肘部里侧，掌心向左，眼看左手食指。

手挥琵琶动作如图 7-29 所示。

图 7-29

六、左右倒卷肱

（1）上体右转，右手翻掌（手心向上）经腹前由下向后上方画弧平举，臂微屈，左手随即翻掌向上；眼的视线随着向右转体先向右看，再转向前方看左手。

（2）右臂屈肘折向前，右手由耳侧向前推出，手心向前，左臂屈肘后撤，手心向上，撤至左肋外侧；同时左腿轻轻提起向后（偏左）退一步，脚掌先着地，然后全脚慢慢踏实，身体重心移到左腿上，成右虚步，右脚随转体以脚掌为轴扭正，眼看右手。

（3）上体微向左转，同时左手随转体向后上方画弧平举，手心向上，右手随即翻掌，掌心向上；眼随转体先向左看，再转向前方看右手。

左右倒卷肱动作如图 7-30 所示。

图 7-30

七、左揽雀尾

（1）上体微向右转，同时右手随转体向后上方画弧平举，手心向上，眼看左手。

（2）身体继续向右转，左手自然下落逐渐翻掌经腹前画弧至右肋前，手心向上；右臂屈肘，手心转向下，收至右胸前，两手相对成抱球状；同时身体重心落在右腿上，左脚收到右脚内侧，脚尖点地，眼看右手。

（3）上体微向左转，左脚向左前方迈出，上体继续向左转，右腿自然蹬直，左腿屈膝，成左弓步；同时左臂向左前方送出（即左臂平屈成弓形，用前臂外侧和手背向前方推出），高与肩平，手心向后；右手向右下落放于右胯旁，手心向下，指尖向前，眼看左前臂。

（4）身体微向左转，左手随即前伸翻掌向下，右手翻掌向上，经腹前向上、向前伸至前臂下方；然后两手下捋，即上体向右转，两手经腹前向右后上方画弧，直至右手手心向上，高与肩齐，左臂平屈于胸前，手心向后；同时身体重心移至右腿，眼看右手。

（5）上体微向左转，右臂屈肘折回，右手附于左手腕里侧（相距约 5 厘米），上体继续向左转，双手同时向前慢慢挤出，左手心向后，右手心向前，左前臂要保持半圆；同时身体重心逐渐前移变成左弓步，眼看左手腕部。

（6）左手翻掌，手心向下，右手经左腕上方向前、向右伸出，高与左手齐，手心向下，两手左右分开，宽与肩同；然后右腿屈膝，上体慢慢后坐，身体重心移至右腿上，左脚尖翘起；同时两手屈肘回收至腹前，手心均向前下方，眼平看前方。

（7）上式不停，身体重心慢慢前移，同时两手向前、向上按出，掌心向前；左腿前弓成左弓步，眼平看前方。

左揽雀尾动作如图 7-31 所示。

图 7-31

八、右揽雀尾

上体后坐并向右转，身体重心移至右腿，左脚尖里扣；右手向右平行画弧至右侧，然后由右下经腹前向左上画弧至左肋前，手心向上；左臂平屈胸前，左手掌向下与右手成抱球状；同时身体重心再移至左腿上，右腿收至左脚内侧，脚尖点地，眼看左手。

右揽雀尾动作如图 7-32 所示。

图 7-32

九、单鞭

（1）上体后坐，身体重心逐渐移至左腿上，右脚尖里扣；同时上体左转，两手（左高右低）向左弧形运转，直至左臂平举，伸于身体左侧，手心向左，右手经腹前运至左肋前，手心向后上方，眼看左手。

（2）身体重心再渐渐移至右腿上，上体右转，左脚向右脚靠拢；脚尖点地，同时右手向右上方画弧（手心由里转向外），至右侧方时变勾手，臂与肩平；左手向下经腹前向右上画弧停于右肩前，手心向里，眼看左手。

（3）上体微向左转，左脚向左前侧方迈出，右脚跟后蹬，成左弓步；在身体重心移向左腿的同时，左掌随上体的继续左转慢慢翻转向前推出，手心向前，手指与眼齐平，臂微屈，眼看左手。

单鞭动作如图 7-33 所示。

十、云手

（1）身体重心移至右腿上，身体渐向右转，左脚尖里扣；左手经腹前向右上画弧至右肩前，手心斜向后，同时右手变掌，手心向右前，眼看左手。

图 7-33

（2）上体慢慢左转，身体重心随之逐渐左移；左手由脸前向左侧运转，手心渐渐转向左方；右手由右下经腹前向左上画弧，至左肩前，手心斜向后；同时右脚靠近左脚，成小开立步（两脚距离 10~20 厘米），眼看右手。

（3）上体再向右转，同时左手经腹前向右上画弧至右肩前，手心斜向后；右手向右侧运转，手心翻转向右；随之左腿向左横跨一步，眼看左手。

云手动作如图 7-34 所示。

图 7-34

十一、单鞭

（1）上体向右转，右手随之向右运转，至右侧方时变成勾手；左手经腹前向右上画弧至右肩前，手心向内；身体重心落在右腿上，左脚尖点地，眼看左手。

（2）上体微向左转，左脚向左前侧方迈出，右脚跟后蹬，成左弓步；在身体重心移向左腿的同时，上体继续左转，左掌慢慢翻转向前推出，成"单鞭"式。

单鞭动作如图 7-35 所示。

十二、高探马

（1）右脚跟进半步，身体重心逐渐后移至右腿上；右勾手变成掌，两手心翻转向上，两肘微屈；同时身体微向右转，左脚跟渐渐离地，眼看左前方。

（2）上体微向左转，面向前方；右掌经右耳旁向前推出，手心向前，手指与眼同高；左手收至左侧腰前，手心向上；同时左脚微向前移，脚尖点地，成左虚步，眼看右手。

图 7-35

高探马动作如图 7-36 所示。

图 7-36

十三、右蹬脚

（1）左手手心向上，前伸至右手腕背面，两手相互交叉，随即向两侧分开并向下画弧，手心斜向下；同时左脚提起向左前侧方进步（脚尖略外撇）；身体重心前移，右腿自然蹬直，成左弓步，眼看前方。

（2）两手由外圈向里圈画弧，两手交叉合抱于胸前，右手在外，手心均向后；同时右脚向左脚靠拢，脚尖点地，眼平看右前方。

（3）两臂左右画弧分开平举，肘部微屈，手心均向外；同时右腿屈膝提起，右脚向右前方慢慢蹬出，眼看右手。

右蹬脚动作如图 7-37 所示。

图 7-37

十四、双峰贯耳

（1）右腿收回，屈膝平举，左手由后向上、向前下落至体前，两手心均翻转向上，两手同时向下画弧分落于右膝盖两侧，眼看前方。

（2）右脚向右前方落下，身体重心渐渐前移，成右弓步，面向右前方；同时两手下落，慢慢变拳，分别从两侧向上、向前画弧至面部前方，呈钳形，两拳相对，高与耳齐，拳眼都斜向内下（两拳中间距离 10~20 厘米），眼看右拳。

双峰贯耳动作如图 7-38 所示。

图 7-38

十五、转身左蹬脚

（1）左腿屈膝后坐，身体重心移至左腿，上体左转，由脚尖里扣；同时两拳变掌，由上向左右画弧分开平举，手心向前，眼看左手。

（2）身体重心再移至右腿，左脚收到右脚内侧，脚尖点地；同时两手由外圈向里圈画弧合抱于胸前，左手在外，手心均向后，眼平看左方。

（3）两臂左右画弧分开平举，肘部微屈，手心均向外；同时左腿屈膝提起，左脚向左前方慢慢蹬出，眼看左手。

转身左蹬脚动作如图 7-39 所示。

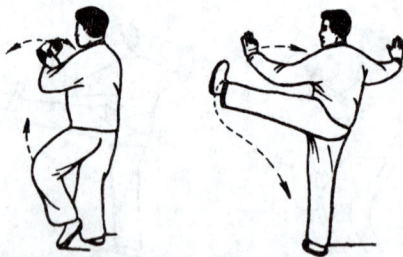

图 7-39

十六、左下势独立

（1）左腿收回平屈，上体右转；右掌变成勾手，左掌向上、向右画弧下落，立于右肩前，掌心斜向后，眼看右手。

（2）右腿慢慢屈膝下蹲，左腿由内向左侧（偏后）伸出，成左仆步；左手下落（掌心向外）向左下顺左腿内侧向前穿出，眼看左手。

（3）身体重心前移，左脚跟为轴，脚尖尽量向外撇，左腿前弓，右腿后蹬，右脚尖里扣，上体微向左转并向前起身；同时左臂继续向前伸出（立掌），掌心向右，右勾手下落，勾尖向后，眼看左手。

（4）右腿慢慢提起平屈，成左独立式；同时右勾手变掌，并由后下方顺右腿外侧向前弧形摆出，屈臂立于右腿上方，肘与膝相对，手心向左；左手落于左胯旁，手心向下，指尖向前，眼看右手。

左下势独立动作如图 7-40 所示。

图 7-40

十七、右下势独立

右脚下落于左脚前，脚掌着地，然后以左脚前掌为轴转动脚跟，身体随之左转；同时左手向后平举变成勾手，右掌随着转体向左侧画弧，立于左肩前，掌心斜向后，眼看左手。

右下势独立动作如图 7-41 所示。

图 7-41

十八、左右穿梭

（1）身体微向左转，左脚向前落地，脚尖外撇，右脚跟离地，双腿屈膝成半坐盘式；同时两手在左胸前成抱球状（左上右下）；然后右脚收到左脚的内侧，脚尖点地，眼看左前臂。

（2）身体右转，右脚向右前方迈出，屈膝弓腿，成右弓步；同时右手由脸前向上举并翻掌停在右额前，手心斜向上；左手先向左下再经体前向前推出，高与鼻尖平，手心向前，眼看左手。

（3）身体重心略向后移，右脚尖稍向外撇，随即身体重心再移至右腿，左脚跟进，停于右脚内侧，脚尖点地；同时两手在右胸前成抱球状（右上左下），眼看右前臂。

左右穿梭动作如图 7-42 所示。

图 7-42

十九、海底针

右脚向前跟进半步，身体重心移至右腿，左脚稍向前移，脚尖点地，成左虚步；同时身体稍向右转，右手下落经体前向后、向上提抽至肩上耳旁，再随身体左转，由右耳旁斜向前下方插出，掌心向左，指尖斜向下；与此同时，左手向前，向下画弧落于左胯旁，手心向下，指尖向前，眼看前下方。

海底针动作如图 7-43 所示。

图 7-43

二十、闪通臂

上体稍向右转，左脚向前迈出，屈膝弓腿成左弓步；同时右手由体前上提，屈臂上举，停于右额前上方，掌心翻转斜向上，拇指朝下；左手上起经胸前向前推出，高与鼻尖平，手心向前，眼看左手。

闪通臂动作如图 7-44 所示。

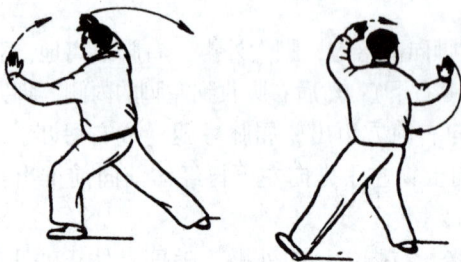

图 7-44

二十一、转身搬拦捶

（1）上体后坐，身体重心移至右腿上，左脚尖里扣，身体向右后转，然后身体重心再移至左腿上；与此同时，右手随着转体向右、向下（变拳）经腹前画弧至左肋旁，拳心向下；左掌上举于头前，掌心斜向上，眼看前方。

（2）向右转体，右拳经胸前向前翻转撇出，拳心向上；左手落于左胯旁，掌心向下，指尖向前；同时右脚收回后（不要停顿或脚尖点地）即向前迈出，脚尖外撇，眼看右拳。

（3）身体重心移至右腿上，左脚向前迈一步；左手上起经左侧向前上画弧拦出，掌心向前下方；同时右拳向右画弧收到右腰旁，拳心向上，眼看左手。

（4）左腿前弓成左弓步，同时右拳向前打出，拳眼向上，高与胸平，左手附于右前臂里侧，眼看右拳。

转身搬拦捶动作如图 7-45 所示。

图 7-45

二十二、如封似闭

（1）左手由右腕下向前伸出，右拳变掌，两手手心逐渐翻转向上并慢慢分开回收；同时身体后坐，左脚尖翘起，身体重心移至右腿，眼看前方。

（2）两手在胸前翻掌，向下经腹前再向上、向前推出，腕部与肩平，手心向前；同时左腿前弓成左弓步，眼看前方。

如封似闭动作如图 7-46 所示。

图 7-46

二十三、十字手

（1）屈膝后坐，身体重心移向右腿，左脚尖里扣，向右转体；右手随着转体动作向右平摆画弧，与左手成两臂侧平举，掌心向前，肘部微屈；同时右脚尖随着转体稍向外撇，成右侧弓步；眼看右手。

（2）身体重心慢慢移至左腿，右脚尖里扣，随即向左收回，两脚距离与肩同宽，两腿逐渐蹬直，成开立步；同时两手向下经腹前向上画弧交叉合抱于胸前，两臂撑圆，腕高与肩平，右手在外，成十字手，手心均向后，眼看前方。

十字手动作如图 7-47 所示。

图 7-47

二十四、收式

两手向外翻掌，手心向下，两臂慢慢下落，停于身体两侧，眼看前方。

收式动作如图7-48所示。

图 7-48

拓展阅读

体育锻炼最佳时间

很多生活在城市里的人喜爱在早晨到公园里或马路上进行晨练，以为经过一夜的自然沉降，大气就变得清新无尘了。也就是说，人们普遍认为早晨是锻炼身体的最佳时间。

其实早晨并不是锻炼的最好时机。据科学测定，傍晚7时至早上7时这段时间，由于大气的对流很弱，地面附近尘气的污染程度最为严重。早晨，尤其是在冬天冷高压影响下，在盆地或山谷地区往往都有气温逆增现象，即上层气温高，地表气温低。因此，大气上下对流活动减缓。工厂和家庭炉灶等排出的化学性大气污染物不能向大气上层扩散，沉积和停留在地面附近。这时，在户外锻炼的人们正好受害，活动量越大，受害程度就越严重。

另外，在清晨人们刚从休息状态转入运动状态时，由于身体的关节、肌肉等从放松状态急速转入紧张状态，一时难以适应，因此心血管系统的负担也会急剧增加，对健康不利。

所以，一天较适宜的锻炼时间是在上午10时至下午3时之间，地点最好选在通风好、有树木草坪的地方，而不宜在工厂区或马路旁跑步锻炼。

学以致用

（1）武术的基本动作包括哪几个部分？

（2）进行太极拳锻炼对人体的健康有哪些好的影响？

　　随着商业性体育的兴起及新闻传播媒体的迅速发展，一种被称为信息消费型的体育——观赏体育，日益成为人们生活中的重要组成部分。随着现代社会的发展和人们文化水平的提高，我们可以通过观赏体育比赛来充实文化生活，主动欣赏体育运动中的道德情操、意志品德、审美情趣和视觉美感，直接感受体育运动的表现力、意志力、想象力、创造力和艺术感染力。

　　观赏体育比赛丰富了人们的生活，增强了人们对体育的了解和喜爱。懂得观赏体育比赛，是一个人自身修养水平的表现，能为扩大交友甚至一些商业谈判打开通道。

观赏篇

——感受体育的精神乐趣

观赏体育比赛

第一课

静止便是死亡，只有运动才能敲开永生的大门。

——泰戈尔

应知导航

（1）了解国内外大型的体育赛事。
（2）掌握各种比赛名次评定方法的分类。

知识探究

一、观赏体育比赛的方式及意义

随着社会的进步、商业性体育的兴起以及新闻传播媒介的迅速发展，观赏体育比赛日益成为人们生活中的重要组成部分。观赏体育比赛可分为直接观赏和间接观赏。直接观赏指去体育场馆观看比赛，而间接观赏则指通过电视等传播媒体观赏体育比赛。

观赏体育比赛虽说是一种娱乐活动，但也需要观赏者有正确的态度、文明的举止和对体育比赛的基本知识。如果没有这些而一味地放纵自己的情绪，也会出现不好的行为与态度，如赌博、歇斯底里、暴力和狭隘的民族主义或地区主义等。

虽然有人认为观赏体育比赛也是一种参与体育的方式，但要真正地体会到体育的乐趣，还是要在观赏体育比赛的同时亲身参加体育活动，学习一些体育知识和竞赛规则，并不断地提高自己的运动技能。

二、国内外大型体育赛事

1. 奥林匹克运动会
奥林匹克运动会是由国际奥委会举办的多项目、世界性运动会，每 4 年举办 1 次。奥林匹克运动会起源于古希腊，因举办地点在奥林匹克而得名。

2. 国际足联世界杯

国际足联世界杯是由国际足联主办的体现现代足球运动最高水平的比赛，每4年举办1次。比赛由各会员协会派出经过预选赛后成绩靠前的队参加。

3. 篮球世界杯

篮球世界杯，即"国际篮联篮球世界杯"的简称，是国际篮球联合会主办的世界最高水平的国家队级篮球赛事，一般每4年举办1次。篮球世界杯的前身是从1950年开始举办的世界男子篮球锦标赛。2012年1月，国际篮球联合会宣布男篮世锦赛更名为"篮球世界杯"。

2014年西班牙篮球世界杯是男篮世锦赛更名为"篮球世界杯"后举办的第一届篮球世界杯。2019年，第二届篮球世界杯在中国举办。

4. 世界田径锦标赛

世界田径锦标赛由国际田径联合会主办，起初每4年举办1次，后改为每2年举办1次，以各国或地区田径协会为单位参加。

5. 世界杯田径赛

世界杯田径赛也是由国际田径联合会主办的国际性田径比赛。在奥运会前1年或后1年举办。每2年举办1次。参加比赛的有美国队，欧洲冠、亚军各1队，五大洲各田联选拔1个队，共8支队。

6. 世界排球锦标赛

世界排球锦标赛是由国际排联主办的国际单项体育比赛。每4年举办1次，原在奥运会当年举办，现为奥运会后第2年举办。冠军队可直接参加奥运会排球赛。世界排球锦标赛男子比赛始于1949年，女子比赛始于1952年。

7. 世界杯排球赛

世界杯排球赛也是由国际排联主办的国际单项体育比赛。在奥运会的前1年举办，每4年举办1次。参加比赛的是上届世界杯排球赛冠军，上届锦标赛冠军，亚洲区（包括大洋洲）、欧洲区、中北美洲及加勒比区、南美洲区、非洲区的冠军队和东道国代表队。比赛的男子冠军队有资格直接参加下届奥运会排球赛。世界杯排球赛男子比赛始于1965年，女子比赛始于1973年。

8. 世界大学生运动会

世界大学生运动会是由国际大学生体育联合会举办、只限大学生参加的世界性综合运动会。

9. 亚洲运动会

亚洲运动会是由亚洲运动会联合会（1982年改为亚洲奥林匹克理事会）主办的综合性运动会。每4年1届，与奥运会相间举办。

10. 中华人民共和国全国运动会

中华人民共和国全国运动会简称全运会，是全国规模最大、水平最高的综合性运动会。第1届全运会于1959年9月在北京举办，有各省、直辖市、自治区，中国人民解放军等29队参加。全运会每4年举办1次，一般在奥运会结束后1年举行。

11. 全国大、中学生运动会

全国大、中学生运动会是指由教育部、国家体育总局、共青团中央主办的全国大、中学生综合性运动会。

三、比赛名次评定方法分类

任何一项体育比赛都有它特定的规则。可以说，体育比赛的规则是体育比赛的法律，而裁判员则是执法的法官。

俗话说："外行看热闹，内行看门道。"欣赏一场体育比赛，如果不懂得体育比赛的基本规则，那只是在看热闹，局限于体育欣赏的低层次，对于比赛中双方的斗智斗勇、胜负转换和裁判员的判罚会感到茫然，甚至还会对裁判员、运动员无端指责，更体会不到比赛中技术的运用、美的享受、丰富的情趣和思索的哲理。

1. 名次评定方法

体育比赛项目繁多，比赛规则复杂浩繁。要面面俱到地了解每一项运动赛事的规则，对普通体育欣赏者而言，不太可能也没有必要。一般来说，可从以下5个方面来了解评定比赛成绩和名次的方法。

（1）以时间的长短来记录、评定比赛成绩和名次。例如，田径比赛中的径赛项目、速度滑冰、高山滑雪、越野滑雪以及越野跑、马拉松跑、游泳等。时间越短，成绩越好。

（2）以高度和远度来记录、评定比赛成绩和名次。例如，田径比赛中的田赛项目，如跳高、跳远、掷标枪等。在同一项目中，跳得越高、越远，投掷的距离越远，成绩越好。

（3）以比分来记录、评定名次。球类比赛中的篮球、排球、足球、手球、乒乓球、网球、棒球、垒球以及水球、冰球等，比分高者为胜方，反之则为负方。如果双方在规定的比赛时间内战平，则要增加比赛时间来决出胜负。

（4）以裁判员现场评分来记录、评定比赛成绩和名次。这类项目包括体操、艺术体操、跳水、健美操、花样滑冰、武术等。一般采用几个裁判同时评分，然后根据各个项目的具体规则和计分方法来评出运动员的得分，再排出运动员的名次。几个裁判员的评分中去掉一个最高分和一个最低分，而取中间分数的平均值来决定运动员的最后得分，得分高者名次列前。例如，跳水比赛是由裁判员或7个裁判员进行评分。计算裁判员评分时先去掉1个最高分和1个最低分，用剩下的有效评分的总和乘以动作的难度系数为实得分，难度系数是根据动作的难度高低而预先规定好的。

（5）其他评定方法。以命中环数来记录、评定比赛成绩和名次。例如，射箭和射击项目，以命中环数多者名次列前。举重则是按运动员的体重分级（男子分为10个级别、女子分为9个级别），以每个运动员在本级别中所举的重量评定成绩，分个人名次和单项名次。以各团体中每个运动员所得分数的总和计算团体名次。

2. 处罚

在激烈的体育比赛中，常常看到运动员有意或无意地出现违反规则的现象。为了维护比赛规则的严肃性，保证比赛的顺利进行，必须对违反规则的运动员进行处罚。常见的处罚有警告、出示黄牌警告、出示红牌令其退场、取消比赛资格、取消比赛名次和成绩等。

如在短跑比赛中，起跑时运动员第1次"抢跑"犯规，裁判员予以警告，第2次"抢跑"犯规不管是哪位运动员都将被取消比赛资格。

而在足球比赛中，间接任意球和直接任意球的判罚较多。其判罚标准是看队员在比赛中犯规的性质。如果裁判员认为队员有危险动作、故意阻挡对方、冲撞或企图踢对方队员、绊摔对方队员、带有危险性地冲撞对方队员以及拉扯、推或打对方队员等任一犯规动作则要判罚点球。在比赛中如有队员擅自离场、屡次犯规、用语言或行动对裁判员表示不满等不正当行为时应给予黄牌警告；有恶劣行为或严重犯规动作，用粗言秽语辱骂他人已警告后仍坚持其不正当行为的队员应给予红牌，罚令其退出比赛，并取消下一场比赛的资格。

严禁使用兴奋剂。大型国内外比赛中，组委会通常会设立兴奋剂检查委员会，可对参赛的运动员进行抽查。对使用兴奋剂者，将取消其比赛成绩和比赛资格，甚至是罚款和停赛的处罚。

第二课 提高体育比赛欣赏水平

生活多美好啊，体育锻炼乐趣无穷。

——普希金

应知导航

（1）了解欣赏体育比赛的基本知识。
（2）努力学习，不断提高自身的体育比赛欣赏水平。

A 知识探究

一、欣赏竞技体育

随着体育运动和商业化发展，体育水平的飞速提高，以及各种传媒技术的广泛应用，欣赏竞技体育比赛已成为现代人生活中的一项重要内容。通过欣赏竞技体育比赛，人们进一步拓展了自己的生活空间，调节了自己紧张的生活节奏，并获得了愉悦身心的效果。可是，欣赏竞技体育比赛毕竟不同于欣赏其他艺术形式，竞技体育因其专业性而具有其独特的魅力。

1. 欣赏体育精神

从整体上说，我们应该注意欣赏蕴涵在体育比赛中的那种崇高的"体育精神"，它包括竞争精神、自我超越精神和团结协作精神。体育比赛的最大魅力在于永恒的竞争，在于有规则的、公平的、平等的、和平的竞争。运动场上无论是贵族还是平民，无论是明星还是普通人，都要站在同一起跑线上，听同一声号令，而没有尊卑贵贱之分。体育比赛的另一个魅力在于不停地追求与超越：它追求人类的健美、完善、聪慧、愉悦，追求人类社会的友谊、和平、公正、进步；它挑战人类的生理极限，通过更快、更高、更强不断实现人的自我超越。体育比赛的魅力还在于运动场上的团结协作和默契配合。一个眼神、一个手势、一句简单的语言提示，均可以使运动员之间的配合做到天衣无缝，犹如行云流水，从而达到较佳的比赛境界。

2. 欣赏比赛的形式与过程

竞技体育比赛大致可分为 3 种类型，在欣赏不同类型的比赛时，应注意不同的欣赏角度，以此来提高自己的欣赏水平。

（1）欣赏直接对抗性竞赛项目。

直接对抗性竞赛项目包括篮球、排球、足球、手球、网球、曲棍球、羽毛球、乒乓球、拳击、摔跤、柔道、击剑等。这类项目比赛的特点是：裁判员按规则去判断运动员的得分与失分，并以此作为衡量成绩的依据，判断比赛的胜负。欣赏这类比赛项目时，应注意欣赏比赛过程中个人技术的运用和整体战术的配合，以及运动员所表现出的那种视野开阔、豁达合群和大智大勇的精神状态。

（2）欣赏对比性竞赛项目。

对比性竞赛项目包括体操、滑冰、花样游泳等。这类项目比赛的特点是对比，要求运动员按规定去完成比赛的技术动作，比赛中强调动作难度、美观和富有艺术性。欣赏这类比赛项目时，应注意欣赏比赛过程中那种富于艺术的美感，即运动员能够在一定的空间和时间内，把身体控制到尽善尽美的程度，使力与美达到高度的统一。同时和谐韵律和鲜明节奏的微妙配合，犹如抒情诗般的艺术造型，也给人以强烈的美感。

（3）欣赏记录性竞赛项目。

记录性竞赛项目包括田径、游泳、举重、射箭、射击、划船、赛艇等。这类项目比赛的特点是：计算成绩看客观指标，即以时间、距离、重量、命中率等具体指标作为评定运动员名次的依据。欣赏这类比赛项目时，应注意欣赏比赛过程中运动员那种顽强的拼搏精神及勇敢坚毅、永不言败的优良品质。

3. 欣赏比赛的结果

虽然"重在参与"是体育比赛的一个根本信念，但对比赛结果的欣赏，能让人从中获得一种满足感和成功感。人们在欣赏一场足球比赛时，尽管对比赛的过程中运动员的技术、战术表演，对相互的默契配合有着一种良好的情感体验，但还是会关心最后的结果。正是有了这种悬念，才使更多的人有耐心看完一场最终结果也许是零比零的比赛。

（1）欣赏比赛的结果，能产生一种强烈的移情作用。

如观看跳高比赛，当运动员准备起跑的时候，观众会情不自禁地屏息无声、全神贯注；而当运动员以其娴熟优美的姿态成功越过横杆时，观众会从心底里发出一种宽慰的欢呼，获得一种精神上的满足与升华。

（2）欣赏比赛的结果，能使人感觉到一种强烈的振奋作用。

由于现代国际比赛规定颁奖时要升国旗、奏国歌，因此，一场比赛的结果总是牵动着亿万人的心。取得胜利会使一个国家的人们举国欢腾、欢呼雀跃。失利了，也会带给人们遗憾。

总之，欣赏竞技体育比赛应该注意多层次、多角度地去感受、去体验。要注意增加必要的欣赏知识，如比赛项目的演变历史和发展现状，一般比赛的方法和规则，比赛队员的技术特点和技术风格等。这样才能不断提高自己的欣赏水平，获得赏心悦目的精神享受。

二、武术比赛欣赏

武术比赛内容可以分为两大类，一是以套路形式进行的比赛，二是以技击对抗形式进行的比赛。前者有长拳、南拳、太极拳、刀术、剑术、棍术、枪术及其他拳术、其他器械对练和集体项目，后者有散手、太极推手等。

知识链接

"南拳北腿" 的由来

南拳是流行于我国长江以南一带的拳术总称，一般以拳法、手法为主，腿法为辅；北方的拳术除拳法外，注重腿法，故有"南拳北腿"之说。据说这与南北方地理特征和生活环境相关。南方舟船较多，小范围的上肢搏击更利于自身的稳定和击败对手，所以南拳的特点是步法沉稳，拳法较多。

武术素有"式正招圆"之说。静止姿势一般叫作"式"，由动到静则叫"招"。动则如闪电般快，静则如泰山秀稳。武术中的各种拳法、掌法、腿法、步法要完成得圆满、完整，做到路线清晰，力点准确，攻防有序。武术种类繁多，所以在欣赏拳术比赛时应注意技术上的特点。动作要姿势正确，力点清晰，身体内外协调，形成一个整体，并通过眼神把一招一式的内在意识充分表达出来，快与慢、动与静、刚与柔、起与伏，节奏鲜明。北派的特点是架势大、动作舒展、活动范围大。南派的特点是架势小、动作紧凑、活动范围不大。太极拳舒缓柔和，轻灵圆活，行云流水，连绵不断；八卦掌身灵步活，势势连绵；形意拳动作简练，发力刚健；通背拳放长出远，发力顺达；查拳动作紧凑，节奏鲜明。

刀术表现出勇猛快速、气势逼人、刚劲有力的特点，故有"单刀看手，双刀看走"之说。单刀要求运动员眼快手快，变化多端，进退闪转和纵跳翻腾都要刀随身换，注意与手的配合协调；双刀要做到左右配合，脚步灵活，主次分明，繁而不乱；大刀要做到气势雄伟、威武凛严。

枪术以拦、拿、扎为主。扎枪要平正迅速，直出直入，力达枪尖，做到枪扎一条线。出枪似潜龙出水，入枪如猛虎入洞。扎枪有上平、中平、下平之分。拦、拿枪法是挡拨防御。枪术的身法灵活多变，步法轻灵，快速稳健。

剑术的特点是轻快、敏捷、潇洒、飘逸。"单剑"剑法多变，动作一气呵成，气势连贯，剑神合一，腰似蛇行；"双剑"气势浑厚，劲力饱满，身剑合一；"长穗剑"身随步动，剑随身行，穗随剑舞，潇洒豪放。

"枪挑一条线，棍打一大片。"棍术的活动范围大，手、眼、身、法、步协调一致。舞棍勇猛快速，身棍合一，力透棍尖。

拓展阅读

你知道这些项目的比赛时间吗？

举重。运动员从点名到试举，其时间为 2 分钟。每过 1 分钟给 1 次警告信号，如超过 2 分钟则判为 1 次试举失败。

体操。男子自由体操应在 50~70 秒内完成；女子自由体操应在 70~90 秒内完成。时间不足或超时都要扣分。运动员从器械上掉下，在 30 秒内允许继续做动作，超过 30 秒未继续做动作则判为动作结束。从平衡木上跌下或跌倒在平衡木上允许在 10 秒内继续做动作。静止动作如倒立、平衡等，时间为 2 秒，不足 2 秒或超过 2 秒都要扣分。

拳击。业余拳击赛为 3 回合，每回合 3 分钟。回合间休息 1 分钟。职业拳击赛为 8~15 回合，每回合 3 分钟。如将对手击倒在地达 10 秒而对手没有站起来，则比赛结束，倒地者判负。

摔跤。分两局，局间休息 1 分钟。成人组、青少年组每局 3 分钟，少年组、儿童组每局 2 分钟。

柔道。每场 5~25 分钟，国际比赛一般为 7 分钟。

击剑。每场 6 分钟，5 剑决出胜负，先击中对方 5 剑者获胜。

足球。分为上、下两个半场，每半场 45 分钟，中间除经裁判同意，休息时间不得超过 15 分钟。循环赛一般没有决胜期，淘汰赛结束出现平局，延时 30 分钟为决胜期，如仍是平局，互射点球决出胜负。

水球。每场时间 28 分钟，共 4 节，每节 7 分钟，两节间休息 2 分钟，同时交换场地。

手球。男子比赛 60 分钟，女子比赛 50 分钟，分上下两个半场进行。

冰球。每场 60 分钟，分 3 局，每局纯比赛时间为 20 分钟，局间休息 15 分钟。

曲棍球。全场比赛 70 分钟，分为上下两个半场，中场休息 5~15 分钟。

学以致用

（1）列举国内外的大型体育赛事。

（2）你认为体育比赛中的金牌与体育精神孰轻孰重？

（3）你觉得应该从哪些方面加强素质的培养，使自己成为一名文明的体育欣赏者？